JN439025

알피니즘을 태운 영혼

알피니스트의 사유와 풍경이 있는 에세이

알피니즘을 태운 영혼

Alpinism

이병훈 지음

선우미디어
sunwoomedia

책을 내면서

먼 북쪽 산의 눈 소식이 안부인 양 날아든다.

눈보라 치는 산에서 서로의 체온에 의지하며 뒹굴었던 산 벗들이 밀물처럼 다가와 건조한 살갗에 온기를 불어 넣는다. 아스라한 기억 저편, 동네어귀에서 볼품없는 썰매를 지치며 놀았던 어린 시절 친구도 보고 싶다.

글쓰기를 시작한 지가 꽤 오래 되었지만 책 내기가 이처럼 주저됨은 평소, 부지런하지 못함과 괜한 품을 팔아 책 공해에 일조를 하는 것이 아닌가 하는 걱정 때문이다.

오랜 세월 산을 오르며 해외원정등반도 하면서 굳어진 나의 삶의 철학은 '자연의 순수를 지키는 것'에 있고 이에 부끄럽지 않게 살려고 늘 옷깃을 여미었다. 이런 이유로 짬만 나면 산으로, 산으로 내달렸다. 그런데 산악 활동도 그렇게 행복한 기억만 있는 것은 아니다. 때론 함께 하지 못한 많은 인연의 고리에 묶여 안타까운 적도 많았다. 이럴 때 마다 거절과 결핍의 상처를 치유하며 혼자의 충만함을 가질 수 있는 공간이 산이기도 했다.

많은 되짚음을 통해 '글쓰기'란 '등산'과 그 여정이 일치한다는 견해를 얻게 되었다. 그래서 산악운동의 신념과 문학 창작은 정신적 가치의 절정을 찾아가는 신선한 작업의 치열함을 정제시켜내는 행위라고 생각하기 때문이다.

그런데 사람의 발자국에 담긴 그 어느 활동도 본연의 순수함은 어디에도 없었다. 이를 찾고자 하는 바람이 자못 부끄러워지는 것에 일성(一聲)도 지르지 못하고 외면해야 하는 이 세상과 시절이 사실 아프다.

재주가 부족해 '책 읽기'에서 '쓰기'란 고개를 어렵게 넘어가고 있지만 어제와 나를 되돌아볼 수 있는 기회가 되므로 더없이 행복하고 고맙기도 하다. 그래서 무소의 뿔처럼 가고자 한다.

문득 '아직 나의 청춘이 다하지 않은 까닭'이라는 윤동주가 그리워진다. 세상은 끊임없이 변하고 있고 또 변하지 않으면 발전을 도모할 수가 없을 것이다. 나는 나름으로 더 미래지향적으로 진취적인 발전을 위하여 끊임없이 공부하고 생각하며 새로움을 추구하며 살 것이다.

끝으로 책을 낼 수 있게 성심껏 도와주시고 성원해 주신 문단의 선후배님들께 진심으로 고개 숙여 감사드리며 앞으로도 꾸준히 글공부와 인생 공부에 매진하려 한다.

2012년 12월

비슬산 아래서　이 병 훈

차례

Chapter 2 '쿨'하게

Chapter 3 산

Chapter 4 사랑

POON HILL
3210.M
GHOREPANI
2874 M.

प्रहरी
POLICE
(CHECK POST)

WELCOME TO POON HILL
GATE OPENING SCHEDULE
SUMMER: 04.00 A.M.
WINTER: 05.00 A.M.
LMC/GHOREPANI
KMTNC/ACAP
POON HILL PUBLIC
VISITORS PARK
AREA

Chapter 1 추억

장모님과 새

장모님은 시골에 홀로 살고 계십니다. 우연히 잉꼬 한 쌍을 얻어 기르게 되었습니다. 아침이면 새들의 소리에 반갑게 눈을 뜨고, 긴 봄날 마루에서 혼자 점심을 들 때도 그들의 움직임을 보며 입맛을 돋우곤 하셨습니다. 이렇게 장모님의 외로운 일상의 나무에 둥지를 튼 새들은 기쁨으로 커갔습니다.

초여름의 감잎들이 허름한 농가에 그늘을 드리울 즈음, 잉꼬는 새끼 두 마리를 부화하여 오붓한 일가를 이뤄 집안 가득 온기를 채워 주었습니다. 장모님은 신바람이 나서, 새장 앞에 머무는 시간이 자연 길어졌습니다.

어느 날 새장이 좁은 때문인지 네 식구의 잦은 뒤척임으로, 빗장이 열려 그만 어미 새가 날아가 버렸습니다. 당황한 아비 새는 새장 안을 이리 저리 푸드덕거렸고, 한창 먹이를 받아먹던 새끼들은 자지러지게 울어댔습니다. 당황한 것은 장모님도 매한가지였습니다.

마침 이웃에 어려운 환경을 탓해 자식들을 두고 집 나간 젊은 주부들이 몇 있었습니다.

"하이고! 쯧쯧. 사람이나 미물이나 모질기는 우째 이리 모지노. 새끼를 놔두고 도망가다니…."

어미 새의 가출이 마치 동네 아낙네들만큼이나 야속했나 봅니다. 장모님은 연신 혀를 차며 애석해 했습니다. 할 수 없이 어미 새 대신, 좁쌀을 갈아 새끼들에게 먹였습니다. 그것도 하루 이틀이지, 새끼들의 애처로움을 그냥 볼 수만 없어 어미 새를 사와서 새장 안에 들여보냈습니다. 이를테면 새엄마를 맞은 셈입니다. 희한한 것은 새 어미가 새끼들에게 먹이를 도무지 줄 생각을 하지 않는 것입니다.

"하이고! 얄궂다. 짐승도 남의 새끼 꺼리네."

장모님은 안타까웠지만 달리 도리가 없었습니다. 이런 우여곡절 속에서 새끼들은 제법 커갔고, 새장 안은 평온을 찾기 시작했습니다. 장모님도 다시 새장 앞에서 여름 한철을 맞이했습니다. 모처럼 적적치 않은 여름을 보낼 수 있었습니다.

어느 날 아침이었습니다. 새장 안을 들여다보니 잉꼬 삼부자는 보이지 않고, 어미 새 혼자 오도카니 있는 게 아닙니까. 깜짝 놀라 살펴보니 빗장이 풀려져 있는 것입니다. 장모님은 뛰는 가슴을 쓸어내리며 한나절 맥을 놓고 앉아 있었습니다. 남은 새도 측은했지만, 모두가 떠난 집에 혼자 남은 장모님 자신의 모습이 비추어져 아마 가슴이 더 아팠을 것입니다. 오남매가 북적였던 집에 어느새 사람의 그림자는 떠나고, 늘 햇살의 그림자만 빈 마당을 가득 메웠기 때문입니다.

혼자 남은 어미 새는 며칠을 먹는 둥 마는 둥 꾸벅꾸벅 졸더니 어느 날 아침에 죽어 있었습니다.

“아이고! 지도 외로웠던갑다….”

장모님은 무언가를 떼어 낸 듯한 허전함으로 몇 날을 울적해 하셨습니다. 다시 새를 사와 기를 수도 있었겠지만, 그러지 않으셨습니다.

추억의 호떡

퇴근시간이다. 지친 몸으로 거리를 나섰다. 서쪽 하늘엔 이미 노을이 내린다. 산다는 것이 어제나 오늘이나 늘 그렇다. 골목 어귀 낡은 포장마차에서 호떡을 굽고 있다. 달처럼 둥근 호떡이 내 눈에 크게 들어온다. 갑자기 호떡이 먹고 싶어진다. 입안에서 녹녹히 달라붙으며 달콤하게 포만감을 주던 옛날의 호떡 맛이 생각났다.

중학교 때 일이다. 시내 중심가 도로변에 작은 호떡집이 있었는데 맛있다는 소문이 나서 손님들이 매일같이 밀고 들었다. 지체 있는 신사 양반들도 서슴없이 부부동반이나 연인과 함께 멀리서 차를 타고 오기도 했다. 그 시절에는 간식거리도 별로 없어 호떡은 고급간식에 속했다. 지금 생각하니 정말 그 시절의 호떡은 고급(?)이었던 것 같다. 순토종 밀가루 반죽에 노란 계피설탕과 콩가루를 섞어 속을 넣고 거기다

굵은 땅콩을 몇 개 끼우고, 토종기름에 구우면서 고소한 참깨를 뿌리니 금방 구워내는 따끈한 호떡은 꿀맛과도 같았다. 요즈음 말로 하면 최고의 웰빙 식품일 것이다.

그러나 그 시절의 나에겐 호떡 사 먹을 형편도 여의치 않았다. 간혹 할머니께 호떡이 먹고 싶다고 어리광을 부려, 엄하신 아버지 몰래 호떡값을 얻어내곤 했다. 지금 기억하면 그때 호떡은 한 개 5원이었고 크고 두꺼워서 하나만 먹어도 식사대용 요기가 되었다. 그러나 호떡집 앞을 지나면서도 돈이 없어 구경만 하고 지나친 일이 한두 번이 아니다. 어쩌다 용돈이 생기면 친구들과 호떡 먹으러 가는 날은 아주 즐겁고 신나는 날이기도 했다.

후에도 청년시절, 그 좋은 기억들과 호떡 맛이 그리워 첫 맞선을 보러간 날 쭈뼛쭈뼛 어색해하는 처자를 호떡집으로 데려간 일도 있다. 결국 퇴짜를 맞고 말았지만. 얼마 전엔 지금도 혹시 그 호떡집이 있을까 하고 찾아가 보았는데 도시개발이 되어 흔적도 없고 높은 고층 빌딩이 들어서 있었다. 요즈음도 가끔 그때 호떡 맛이 그리워 시장골목을 찾아간다. 요즈음 호떡은 그때 그 시절 맛과는 너무 다르다. 왜 그 시절의 옛날호떡 맛을 낼 수는 없는 걸까. 궁금하기도 하다. 그 시절의 환경적 정서와 낭만은 요즈음과는 사뭇 달랐다.

어느 해 엄동설한 눈바람이 세차게 몰아치던 겨울날에 우리 집 형편은 끼니조차 제대로 때우지 못했던 어려운 시절이었다. 친한 반 친구가 나를 따라 우리 집에 온 일이 있었다. 어머니는 아들친구에게 따뜻한 밥 대접을 할 형편이 안 되어 노심초사하시다가 콩나물죽을 끓여서 내어 놓으셨다. 친구에게 쌀밥 대접을 못해 미안하다고 하고 다음에는 밥을 해 주겠다고 했다. 그 친구는 되레 콩나물죽이 더 맛있다고 하면서 한 그릇을 다 비웠다. 며칠 후 그 친구가 용돈이 생겼다며 호떡집에 가자고 하면서 나를 끌었다. 그날 그 친구의 호의 덕분에 게걸스럽게 먹은 호떡 맛은 지금도 잊을 수가 없다. 어머니께 갖다 드리라며 한 봉지 사주기까지 하였다. 그 일 이후 수십 년이 지났지만 그 친구와 난 아직도 죽마고우가 되어 자주 만나며 살고 있다.

지금은 중년의 나이에 정장을 하고 목에는 점잖은 넥타이를 맨 채 길가의 낡은 포장마차에 서서 호떡을 사먹자니 괜히 주변에 눈치가 보였다. 누가 보면 체면이 깎일까, 흉이 될까 두려워 호떡집 앞을 몇 번이나 서성거리며 주변의 시선을 의식한다. 어제도 호떡 굽는 포장마차 앞을 왔다 갔다 하며 옛 추억의 상념에 젖어 들었다.

그 시절에는 호떡 값이 없어 호떡집 앞을 배회하였고 지금은 정장한 중년신사 체면 때문에 호떡집 앞을 서성인다. 그 옛날 호떡 맛을 함께 나누던 벗들도 보고 싶고 첫선 보던 날 호떡집에 같이 간 그녀도 어디서 어떻게 살까 궁금하다. 엄한 아버지 몰래 호떡 값을 쥐어주시던 돌아가신 우리 할머니도 그리워서, 시나브로 내려앉는 서쪽의 붉은 노을을 넋 잃은 듯 바라보며 내 애잔한 삶을 되돌아본다.

갚지 못한 빚

학창 시절, 나는 아르바이트를 하며 힘들게 공부하고 있었다. 우연히 동아리 모임에서 눈이 큰 여학생을 알게 되었다. 그는 나에게 많은 관심과 호의를 가지고 접근해 왔다. 우리는 자주 만나는 사이 서로 좋아하게 되었다. 부유한 가정의 무남독녀였던 그녀는, 등록금을 내지 못하여 마감 날에 쫓기는 나를 도와주면서 훗날 천천히 갚으라고 했다. 그리고 가끔 책이나 옷을 사주기도 했다.

늘 빚진 마음으로 그를 대했지만 그만 보면 언제나 좋았고 그 빚은 훗날 몇 배로 갚으리라 다짐도 했다. 나는 더 열심히 공부하며 푸른 꿈을 키우고 있었다. 그해도 다 간 12월 어느 날, 뜻밖에 그녀로부터 작별의 편지를 받게 되었다. 부모님께서 나와의 관계를 완강히 반대하여 유학을 떠나게 되었으니 미안하다는 내용이었다. 너무도 황당한 일

방적인 통보에 가슴이 내려앉았다. 비록 손가락 걸고 약속한 일은 없었지만 당연히 미래를 같이 할 것으로 믿었는데.

그때는 가난과 고달픈 생활에 찌들어 그런 것을 따져볼 만한 여유도 용기도 없었다. 몇 날 며칠을 절망 끝에 헤매다 보니 좌절감은 극에 달했고, 종국엔 반발적 오기까지 생겼다. 때마침 크리스마스를 앞두고 거리는 온통 축제의 물결로 출렁거렸지만 분노에 가까운 나의 마음은 오직 그녀 생각으로만 가득 차 있었다.

머리끝으로 오른 분노는 자신에 대한 도발로 변했다. 크리스마스이브의 캐럴은 밤거리에 넘쳐났고 때맞추어 눈발도 간간이 뿌리고 있었다. 축제 속의 설레임보다 다시는 그녀를 볼 수 없다는 서러움이 더 크게 북받쳤다. 도서관에서 벌이던 책과의 씨름을 포기하고 현관을 나서는데 우연을 위장한 그녀의 친구가 내 앞을 가로막았다.

"야, 우리 함께 반란을 일으켜 볼래?"

나에겐 얼마간 세월 속에 잠자고 있던 혼돈의 열병이 새 생명처럼 움트기 시작했다. 우리는 무언중 의기투합했고, 골목 안 으슥한 포장마차에서 따끈한 국물과 함께 소주를 마시기 시작했다. 맹목적 반란은 점점 이성을 잃게 했고 탈선은 당연한 것으로 포장되었다. 그가 나에게 베푼 위로는 어쩌면 실연에 눈먼 나를 계획적으로 체면한 것인지도 모른다. 그러나 그때 나의 심정은 그만이 나를 구원할 수 있는 유일한 천사로 보였다.

그는 평소 동아리에서 사소한 일에도 말꼬리를 잡고 시비를 하였는데 언제부터 이렇게 친절하고 싹싹하게 되었는가. 우리는 서로에게 별 호감도 없이 시간만을 즐겼다. 결국 연인처럼 다정스레 팔짱을 끼고 거리의 축제 속에 묻혀 밤이 새도록 골목을 쏘다녔다.

내 사정을 잘 아는 그의 위로는 비웃음으로 비치고, 초라한 열등의식으로 응어리진 가슴은 가시로 찌르는 듯했다. 그는 이것을 노리고 즐겼는지도 모른다. 그 아픔들은 상처를 더 깊게 하고, 알싸한 취기는 온몸을 저리게 했다. 그의 위로는 서러운 눈물이 되어 뺨을 적셨다.

평소 먹지 못하던 술을 얼마나 마셨는지 끝내는 정신을 잃고 말았다. 다시 정신을 차렸을 때는 태양이 중천에 떠올라 나를 비웃고 있었다. 지난밤의 어줍잖은 일들이 머리를 스쳐가며 허물어진 나 자신에 대한 모멸감으로 자신을 주체하지 못했다. 그녀의 붙잡음도 뒤로 한 채, 돌아오는 길엔 주체할 수 없는 눈물이 쏟아져 내렸다. 철없는 믿음으로 깊은 상처를 안은 나는 그 후 여자를 믿지 않는 무의식의 버릇이 생겼다.

세월이 물처럼 흐른 뒤, 유학에서 돌아왔을 그녀에게 빚진 등록금을 갚아주고 싶었다. 여러 곳을 수소문했지만 찾을 길이 없었다. 그동안 봄과 가을은 스무 번을 오고갔다.

누구에게나 슬프고, 아름다운 추억 하나쯤은 있겠지만 오랜 세월 속에서도 잊지 못하고 살아가는 경우는 바보 같은 미련일까. 솔직히 아직도 궁금하다. 그녀가 어떻게 변했는가 보고도 싶다. 한때 나의 젊은 시절을 열병으로 몰았던 그녀의 모습이 기억 저편으로 희미해져감이 아쉽다. 그래도 언젠가는 빚진 등록금을 꼭 갚아야지. 이런 내 마음은 어쩌면 다시 보고픈 핑계일는지도 모르겠지만.

나비부인의 허밍코러스

1945년 8월 9일 11시 2분, 나가사키에 원자폭탄이 투하되었다. 7만여 명의 고귀한 생명들이 한순간 회오리바람처럼 역사의 흙먼지 속으로 사라졌고, 도시는 잿더미로 변했다. 원폭전시관엔 그때의 참혹함을 말해 주듯 피폭자의 두개골이 철모에 엉켜있고, 여러 개의 공병이 사람 뼈와 함께 녹아 엿가락처럼 휘어져 있었다. 말로만 듣던 원폭의 폐해는 엄청난 것이었다.

자신의 이상을 전쟁으로 실현해 보려는 위정자의 흔적이 이곳에 고스란히 남아 전시되어 있고, 나는 호기심으로 그 장면을 재생해 보지만 마음은 편치 않았다. 이렇듯 인간의 오만과 무력함이 전시관을 가득 메우고 있는데, 우리는 그 무엇에 인간의 강함을 확인시킬 수 있는지. 잊혀져가는 역사의 끝자락을 움켜잡고 마음속으로 안타깝게 절규해본다.

나가사키는 일본의 폐쇄정책에도 불구하고 일찍이 동서양 교류의 장이었고, 당시로는 유일한 무역항이었으며, 천주교의 성지이기도 했다. 1571년부터 서양문물이 첫발을 내디딘 곳이다 보니 천주교 등 외래종교도 이곳을 중심으로 자연스럽게 번져나갔다. 그러자 교세의 확장을 염려한 도요토미 히데요시는 마침내 1587년 나가사키에 천주교도 추방령을 내리게 되었다. 이에 많은 신자들에 대한 가혹한 박해가 있었으나 신앙의 절대성은 굽혀들지 않았다.

그 후 그때 순교한 스페인 신부 6명과 일본인 신자 20명에 대해 1862년 로마교황청은 성인으로 추대했고, 1864년에는 일본 최고의 고딕성당인 오우라텐슈도가 건립됐다. 26인 순교성당이기도 한 이 성당은 지금 일본의 국보로 지정되어 있다. 전시관 안으로 발을 들이면 정면에 이 성당의 전면이 세워져 있는데, 현장감을 살리기 위해 성당의 잔해를 중심으로 전시관이 건립되었다고 한다. 조명 때문인지 어두움 때문인지 검게 그을린 성당 기둥에 부조된 성모상이 눈물로 반짝이고 있음은 나의 착시인가.

제2차 세계대전 당시 미군은 왜 하필 이런 곳에다 원폭 투하를 한 것일까. 인간생명의 존엄성과 인권을 가장 높은 가치로 내세우는 나라가 이렇게 할 수밖에는 없었던 것일까. 인류의 보편적 가치인 휴머니즘으로 반영해보면 훗날 역사는 이 일을 어떻게 평가할까.

우리에겐 일본이라면 원형적인 배타성이 있다. 임진왜란 때도 이곳을 통해 네덜란드 상인에게서 건너 받은 조총을 대량 제작하여 조선을 침공했고, 36년 간 우리를 송두리째 유린하여 민족 말살을 꾀했고, 지금도 역사 왜곡과 독도 문제 등으로 우리의 심사를 괴롭히고 있다. 유독 일본과의 문제에서는 상대적 상호인정과 타협점을 갖고 싶어 하지 않는다. 그런 그들도 나가사키·히로시마 원폭의 섬광 속으로 15만 명이 사라졌다. 이들도 꼼짝없이 당할 수밖에 없었을 절박함에 생각이 멎으니, 평소의 미움은 사라지고 정작 까닭도 모르고 죽었을 많은 사람들의 애꿎은 죽음에 묘한 연민의 정이 차올랐다.

돌아보면 인류의 역사는 투쟁과 전쟁의 연속으로 점철되어 왔다. 그리고 인류의 발전사도 그 폐허에서 싹이 텄었다. 진화론적 혹은 변증법적 측면에선 전쟁의 필연성이 주장되어질 수 있고, 인간 존엄성 자체가 전쟁의 파생어일 수 있다. 하지만 존재의 가치론적 측면에서는 전쟁은 영원히 부정되어져야 할 산물임이 분명하다.

전시관 저만치에 있는 평화공원에 가니 당시 타버린 벽돌담을 그대로 보존하여 관심을 고조시키고 있다. 각국에서 보내진 반전과 평화를 상징하는 조각들이 인간의 부단한 각성을 요구하며 도열해 있다. 한켠엔 원폭의 참상에도 살아남았다는 문주란이 희생자들의 넋인 양 무리지어 흰 꽃술을 뿌리고 있는데, 바람에 꽃대가 흔들릴 적마다 무심히 스치는 발길들에게 공존과 안녕을 당부하는 것만 같았다.

미국 해군장교와 일본여인의 슬픈 사랑을 담은 푸치니 오페라 '나비부인'의 무대이기도 한 나가사키는 핵전쟁의 아픈 상흔 속에서도 일본 특유의 단아함을 잃지 않으며 도도히 흐르는 역사의 물결 속에 치유의 밝은 빛을 품고 있다.

'나비부인'의 '허밍코러스'가 엷은 안개에 실려 그리움으로 젖어 든다.

탐라의 환상

장맛비가 지루하던 초여름이었다. 한라산 등반의 초입인 어리목 입구에서 공원관리인이 등산을 만류하였다. 비도 많이 내리지만 바람이 세차게 불고 있다는 것이다. 그러나 나는 예정된 일정을 미룰 수가 없어 백록담을 향해 오르기로 했다. 단독산행이라 짐도 무거웠다. 한라산에 한 번 오기란 그리 쉬운 일이 아니다. 시간도 많이 걸리고 비행기도 타야하고 경비도 만만치 않다. 이번에 온 김에 한라산 사방 열십자 횡단등반을 마치고 갈 요량으로 나선 것이다.

간간이 뿌리는 빗방울을 맞으며 쉼 없이 올랐다. 나뭇잎에 떨어지는 빗소리를 들으며 지난날들을 되돌아본다. 흐르는 구름 같은 세월 속에 내가 사랑했던 사람들은 아련히 멀어지고 날 사랑해 주었던 님들에겐 실망만 안겨주었다. 덧없이 살아온 지난날들이 아쉽기만 하다. 이제 무엇을 어떻게 하며 살아가야 할지를 생각하며 오르는 동안 어느새 능선을 지나 광활한 사제비동산에 이르렀다.

사제비동산을 지나 만수동산, 윗세오름이 내가 갈 길이다. 황량한 만수동산평원에는 사람이라곤 없었다. 기상이 갑자기 더 악화되기 시작하였다. 바람은 더욱 거칠게 불어댔고 빗방울도 점점 굵어지며 짙은 산안개가 밀려오기 시작하여 앞을 분간할 수가 없었다. 당황스러웠다. 광활한 평원지역이라 대피할만한 곳도 없었다. 나침반과 지도에 의존해서 윗세오름 대피소까지는 찾아 갈 수 있으리라 믿고 신중하게 방향을 확인하며 열심히 걸었다.

비는 억수 같은 소낙비로 변했고 걸어갈 수 없을 정도로 세찬 강풍이 계속 불어대었다. 아침에 식욕도 없고 마땅치 않아 굶고 올라 왔더니 허기가 졌다. 배낭과 옷은 빗물에 흠뻑 젖어 물방울이 줄줄 흘러내렸다. 방향 감각을 잃고 있었다. 믿는 것은 나침반의 바늘밖에 없었다. 배가 고파 간식이라도 먹을까 하여 배낭을 내렸지만 강한 비바람에 꺼낼 수조차 없었고 바람 피할 곳도 없었다.

나침반의 바늘만 의지하며 한기를 참고 열심히 걸었지만 내가 찾는 윗세오름 대피소는 나타나지 않았다. 벌판에서 두 시간쯤 걸었을까. 지도상으론 벌써 있어야 할 대피소가 없다. 방향을 잘못 잡은 것 같았다. 대피할 곳도 없고 여기선 하산도 할 수가 없다. 허기로 정신도 아련해지고 안개밖에 아무것도 보이지 않았다. 완전히 길을 잃은 것이다. 현 상황으론 비상탈출도 불가능하고 구조요청도 안 된다.

혼자서 조난된 것이었다. 악천후에 나침반 바늘조차 좌우로 흔들리며 작동불능상태이다. 수없이 많은 등산을 했었지만 이런 일은 처음 당한다. 구조될 방법이 없다. 막막했다. 아! 이렇게 해서 죽는구나. 죽음을 생각했다. 죽음을 대비해 아무런 준비도 정리도 해놓지 않았다. 유서 같은 것도 써놓지 않았고 누구에게 부탁도 하지 않았다. 아직은 할 일이 많은데 내가 죽으면 어찌 될까. 아직은 죽을 때가 아닌데 어떻게든 살아야 할 텐데….

침착하려고 애썼다. 끝까지 냉정하자고 스스로 달래며 살기 위한 방법이 무엇인가를 계속 생각하고 있었다. 쉬지 않고 몰아치는 비바람에 숨 돌릴 겨를도 없었고, 저체온현상(하이포스미아)이 시작됨을 느끼며 한기에 몸은 떨고 있었다. 정신을 차리려고 애쓰고 있었지만 점점 혼미해졌다. 나를 바라보고 사는 아내와 아들 녀석이 생각났고 어머니 얼굴이 눈앞에 아른거렸다. 어머니의 모습이 없어졌다가 또다시 나타났다가 하였다. 내가 죽으면 우리 어머니는 어떻게 되시나.

초등학교 3학년 때 소풍가던 날이었다. 용돈을 많이 달라고 조르다, 엄하신 아버지께 꾸지람만 듣고 쫓겨났는데 어머니가 따라 나오셔서 몰래 돈을 쥐어주며 달래시던 모습이 떠올랐다. 효도 한 번 제대로 못해보고 여기서 죽으면 정말 너무도 큰 죄를 짓는다는 생각에 눈물과 빗물이 섞여 흘렀다. 내 몸은 탈진상태며 완전 절망적임을 느꼈다. 있어야 할 윗세오름 대피소를 찾아 계속 걸어가려 했지만 기운은 완전히 소진되고 저체온증의 추위에 더 이상 견딜 수가 없었다. 황량한 벌판에 결국 혼자서 쓰러졌다.

어디선가 일어나라는 아내의 가는 목소리가 들려왔다. “세상의 한 줌 소금으로 살겠다던 불굴의 산악정신은 어디 가고 이 정도에 쓰러져요. 어서 일어나요!” 설악산 공룡능선을 함께 종주하며 내가 히말라야 등반에 나서면 자기는 베이스캠프에서 돕겠다던 아내, 부모님의 결혼 반대에도 적극적으로 설득하며 나를 믿어주었던 여인이다. 내가 여기서 죽으면 그녀는 얼마나 절망할까. 아들 녀석이 졸라대던 컴퓨터라도 사주고 올 걸! 친구의 목소리도 들려왔다. “야 임마! 어서 일어나. 너는 아직 할 일이 많아. 지금 죽으면 안 돼! 내년에 함께 히말라야에 가기로 했잖아. 어서 일어나라구.”

얼굴에 뿌려대는 빗줄기가 따스해짐을 느꼈다. 정신을 가다듬고 다시 일어나려고 버둥거렸다. 고개를 들며 앞을 바라보니 안개 속에서 희미하게 커다란 성당 건물이 나타났다. 아니, 이 높은 산 위에 웬 성당이…. 여기는 한라산 1,700m(표고)쯤 되는 높은 곳인데 성당이 있을 리 만무하다. 아! 난 조난당해 정신을 잃었고, 여기는 천국의 입구인가

보다. 어릴 적, 동화 속에서 본 듯한 천국의 문처럼 보였다. 나는 안간힘을 다해 일어나서 흐릿한 의식으로 짙은 안개 속의 성당 쪽으로 향했다.

희미한 길을 따라 한참 걸어서 성당 입구에 다다랐는데 너무 조용하고 음산했다. 용기를 내어 살며시 성당 문을 밀며 들어섰다. 어렴풋이 사람들이 보였다. 누군가, "아니, 이런 날씨에 여기까지 오다니!" 어서 들어오라며 반겨주었다. "여기가 어디입니까?" 하고 물었다. "예, 여기 윗세오름 대피소잖아요." 나는 넋을 잃었다. 천국의 문인 줄 알았는데 대피소라니. 누군가 권하는 따끈한 커피 향을 느끼며 나는 '살았다'는 안도감과 함께 날씨가 좋아지면 올라가야 할 더 높은 곳을 그리고 있었다.

장모님의 눈꽃

여든을 앞세운 장모님은 무슨 마음인지 요즘 서럽던 지난 이야기를 심심찮게 하시는 것입니다. 나직한 목소리가 방안을 울리면 장모님의 엷은 미소에 배어 있는 가느다란 슬픔이 눈꽃처럼 희기도 하다는 생각이 듭니다.

장인어른이 일찍 세상을 버리자, 남은 자식들 눈망울에 온 정신을 다잡아 맨 장모님의 고단한 어깨가, 맏이를 혼사 시키므로 조금씩 가벼워지기 시작했답니다. 그렇지만 워낙 없는 살림이라 생활의 주름은 쉽게 펴지질 않더랍니다. 빠듯한 살림살이가 힘들었던지, 해가 지나가니 며느리의 불평도 시나브로 커 가더랍니다. 한 부엌에서 조석을 준비하던 장모님의 마음은 차차 힘겨워지기 시작했답니다. 앙다문 며느리의 침묵이 세상 어느 것보다 무겁게 느껴졌기 때문입니다. 급기야 잘 가지도 않던 마을 경로당을 찾게 되었고, 조반만 드시면 슬그머니 나가시는 것입니다. 그땐 하늘이 유난히 푸른 것도, 꽃빛이 유난히 고운 것도 장모님의 마음엔 한낱 짐이었을 겁니다.

둘째 손자가 갓 태어났을 때 아들 내외의 싸움은 잦아들었고, 급기야 며느리가 집을 나가는 일이 생겼답니다. 며느리가 야속한 건 접어두고라도 가장 큰 낭패는 어미젖만 먹던 손자가 우유를 먹지 않는 것이었습니다. 손자의 야윈 볼과 더불어 장모님의 가슴은 까맣게 타들어 갔고, 울어 보채는 손자와 안고 어르는 장모님의 눈엔 눈물이 마르지 않았습니다. 아마 함께 울면서 보냈던 서러운 세월이 그동안 살아온 세월보다 더 길게 느껴졌을 것입니다. 얼마간 조정의 시간을 보낸 후 집을 나간 며느리가 다시 들어오게 되었지만 장모님의 앉은자리는 더욱더 궁핍해져 갔습니다. 한 번 불거진 일은 심심찮게 반복되었고, 내 가솔의 일이라 어디 속내를 드러내놓지도 못하겠더랍니다. 매 순간 며느리의 안색을 눈 저울질해야 하는 하루하루가 참으로 고달픈 나날이었습니다.

둘째 손자가 네댓 살 될 즈음, 장모님은 마침내 아들내외 살림을 따로 내보내게 되었습니다. 떨어져 살면 죽는 줄로만 알았던 마음을 결심으로 다잡기까지 장모님은 무척 힘이 드셨을 것입니다. 살림살이는 대충 두 집으로 나누어져 나가고 할머니의 품안에서 길들여진 손자가 아직 장모님 곁에 머물러 있었습니다. 이 녀석도 곧 갈 것이고, 당연히 가야한다는

생각은 다짐만큼 그리 쉽지가 않았습니다. 잠든 아이의 얼굴을 어루만지며,

"살아가는 일이 우째 이리 어렵노. 철없을 때 시집와서 이날까지 이러구 있응께. 도대체 이 무신 업보고."

젊어 시집살이의 된 맛은 서운함으로 돌리면 그 뿐, 상처는 남지 않았는데, 늙어 자식으로 갖는 마음고생은 아프고 서러운 것이었습니다.

며칠이 지나 몇 살 위인 손녀가 제 동생을 데리러 왔습니다. 장모님은 손자의 남은 소지품을 챙겨 보내려 하니 눈물이 앞을 가려 무엇을 챙겨주어야 할지 모르겠더랍니다.

"진수야 이놈아야! 잘 가거레이. 인자 너그 엄마하고 살면 재미 있을끼다."

대문 밖에 서서 손잡고 가는 오누이의 뒷모습을 보니, 살아 다시 볼 수 없는 모습인 양 그렇게 안타까울 수가 없더랍니다. 나풀거리며 눈물 속으로 사라지는 손자의 모습이 가뭇해져 보이지 않을 때까지, 장모님은 마냥 서서 속으로 손자의 이름을 부르고 또 불러 보았답니다. 하늘도 보이지 않고, 마치 이 세상 끄트머리에 혼자 서 있는 막막함으로 더 이상 살고 싶지 않더랍니다. 누가 나를 때려 그렇게 눈물이 나오겠냐는 것입니다.

살림살이가 다 나간 아들네의 텅 빈 방안에서 한참을 울고 나니 마침

구석에 동그마니 남아 있는 텔레비전이 눈에 들어왔습니다. 엄마가 혼자서 외로울 것이라면서 남겨둔 아들의 배려였습니다. 며느리의 혼수품으로 한때 온 식구가 즐겁게 보았던 것이지만, 너무도 미운 생각에 그 텔레비전을 마당으로 내동댕이쳤답니다.

그때 내가 왜 그랬던지 모르겠다며 겸연쩍게 웃으시는 장모님의 깊고도 슬픈 주름위로 눈꽃이 곱게 핍니다. 하지만 지금도 이 말만은 몇 번씩 하십니다.

"누가 나를 때려 그렇게 눈물이 나오겠노. 아이구 참."

마흔 살의 자서전

한겨울 천황산 계곡에 골을 타고 얼음바람이 몰아친다.

홍룡폭포의 빙벽아래서 내 뺨을 치고 가는 바람을 느끼며 잠시 상념에 시공간을 헤맨다. 오래전 우리는 이곳에서 캠프를 치고 꿈을 함께하며 빙벽훈련을 했다. 히말라야 원정등반이라는 과제를 두고 모두들 한마음으로 훈련에 몰두하였다.

이곳에서 내 자일 파트너였던 그녀는 암벽등반대회에서 몇 차례 우승을 하였고 히말라야 등반도 다녀온 당찬 산꾼이다. 나를 선배네, 오빠네 하며 따르며 우리 팀에 헌신하는 열성적인 여성산악인이다. 나는 후배들과 안나푸르나 정상에 오르기 위해 밤낮을 가리지 않고 등반준비에 열정적으로 뛰던 시절이다.

어려운 여건 속에서도 대원들을 다독이며 의욕과 용기를 심어주고 겨울훈련으로 설악산 토왕성폭포, 한라산 왕관릉, 지리산 불일폭포를 섭렵하며 훈련과 연습에 매진하였다. 밖으로는 히말라야 원정등반에 필요한 경비를 조달하기 위해 동분서주 뛰어다니며 기업에 섭외를 하고 산악계에 협조도 구하였다.

학창시절엔 나는 백마 탄 왕자가 될 수 있을 거라는 꿈을 가졌었다. 어려운 환경과 힘든 여건이지만 난 늘 성공을 자신하고 황금마차를 타고 달리는 개선장군이 되는 꿈을 꾸었다. 그러다, 젊은 시절 나는 산악운동에 빠져 있었다. 늘 뜻대로 되지 못했던 백마 탄 왕자의 꿈은 현실과 달랐고 허탈과 좌절에 내몰렸다.

처음엔 그냥 산이 좋아 산에 다니다가 뒤늦게 산악운동의 의미와 가치를 깨닫게 되었고 순수등반의 드높은 정신을 기리기 위하여 열심히 뛰고 공부하며 모든 정열을 쏟았다. 어려운 여건에서도 동지들과 함께 암벽등반의 메카라는 스위스의 알프스 북벽과 미국의 요세미티 하프돔, 일본의 동계 북알프스를 다녀오기도 했다.

오랫동안 준비하여 우리 팀은 결국 네팔 히말라야 안나푸르나 카라반에 들어갔고 오직 정상에 오르는 것이 목표였다. 나의 유일한 여성자일파트너였던 그녀는 언제나 묵묵히 내 곁을 지키고 있었다. 안나의 카라반*은 힘들었지만 신이 났었고 꿈을 향한 행군은 계속되었다. 베이스캠프에 도착한 우리 팀은 등반준비를 위해 전열을 가다듬고 루트

---

* 카라반(caravane) : 고산등반시 초입에서 베이스캠프에 도달하기까지의 과정.

정찰에 들어갔다. 전진 캠프를 치며 올랐고 등반은 비교적 순조로웠다.

그러나 마지막 정상공격을 앞두고 우리에게 힘겨운 시련이 찾아왔다. 안나의 하늘에 먹구름이 끼이는가 싶더니 세찬 눈보라가 몰아치기 시작하였고 그런 악천후는 연일 쉬지 않고 일주일동안 멈추지 않았다. 세찬 바람과 눈보라 그리고 눈사태까지 일어나니 꼼짝없이 천막을 지키며 기동도 못한 채 갇혀 있었다. 준비한 식량과 연료도 얼마 남지 않았고 대원들은 극도의 피로와 긴장감으로 초조해지고 몇 사람은 탈진상태로 막내 종철이는 고소증세로 최악의 상황이 되어 있었다.

난 등반의 책임자로서 진퇴양난으로 어떻게 해야 할지가 막막하여 밤잠을 이루지 못하였다. 눈이 멈추던 날 캠프4에 있던 현희에게서 무전이 왔다.

오늘 날씨가 개었으니 자기가 정상공격에 나서 보겠다는 것이었다. "안 돼, 위험해." 나는 반대했다. 그러나 그녀는 완강하게 나섰다. 지금 상황에선 별다른 방법이 없다는 것이었다. 몇 해를 준비한 원정대가 이대로 돌아갈 수는 없다는 것이었다. 그녀는 캠프4에서 폭설에 눌려 일주일을 묶여 있었다.

이제 식량도 바닥이 났다며 여기서 절대로 포기할 수 없다고 했다. 그래도 난 안 된다고 말렸다. 한참을 말없이 침묵하다가 무전은 끊겼다. 나는 포기하고 후퇴할 것인가, 무리해서라도 공격을 시도할 것인가의 막바지 기로에 서 있었다. 잠시 후 다시 현희의 무전이다. 무조건 오르겠다는 것이었다. 나는 한참을 망설이다 결국, 그러면 장비와 식량을 잘 챙겨서 조심해서 오르되 절대로 무리는 하지 말라고 당부하였다. 그러나 막상 허락은 하였지만 불안하고 초조하였다. 캠프3에 남아 있던 두 명의 대원에게 공격조를 스포트하라고 하였다. 가슴을 졸이면서 산만 바라보며 일곱 시간쯤 지났을까. 현희의 무전 연락이다.

"대장님, 여기는 정상입니다. 도착했어요."라고 반가운 목소리가 울렸다. 나는 정말 좋았다. "수고했어." 조심해서 안전하게 내려오라고 했다.

그러나 그때 들은 그 목소리가 그녀의 마지막 음성이 될 줄이야. 그녀는 하산하며 트래버스(traverse)에서 미끄러져 수백 미터 아래로 떨어졌다. 뒤에 스포트하던 대원들이 발견하고 캠프에 알려왔다.

산이 좋아 산에 가게 된 그녀를, 그리고 묵묵히 나를 따르던 그녀를, 결국 안나의 등반에서 영원히 잃어버린 나는, 모든 삶의 의욕을 잃어버리고 한동안 방황하며 삶을 포기하고 사람들과의 만남도 피했다. 그냥 허무하고 허탈하고 죄스럽고 내가 왜 사는지를 몰랐다. 그러나 해마다 차가운 얼음 바람이 불어오면, 나는 이곳 홍룡폭포를 찾아와 그녀와 꿈을 나누며 훈련하던 때를 회상하며 기도한다. 나는 이제 정말 어디로 가야 하는가! 그리고 현희야! 미안하다.

친구의 하늘 길

서울에 있는 친구로부터 전화가 왔다. 고향에 장학회를 하나 만들고 싶다며 좋은 방법을 구상해 보라는 것이다. 뜻밖의 제의에 놀라며 학창 시절 그와의 추억들이 기억의 수면 위로 떠올랐다.

그는 "나중에 돈 벌면 장학회를 만들겠다."고 노래처럼 말했었다. 그러던 그가 꿈을 현실로 이루니 너무도 대견했고, 감동으로 가슴이 벅차오기도 했다. 살아가면서 이렇게 신이 날 때도 있구나 싶어 그에게 찬사를 아끼지 않았다.

어떻게 하면 친구의 뜻을 제대로 담을 수 있는 장학회를 만들까에 고심하며, 그 들뜸으로 밤잠을 설치기까지 했다. 장학금을 받은 학생들과 주위사람들의 환한 얼굴이 연상되면 혼자 즐거워하기도 했다.

호사다마인가. 그렇게 건강하고 의욕에 찼던 그가 뇌출혈로 쓰러져

위독하다는 급보를 받았다. 우직하게 한 곳만 바라보며 성실하게 살아왔던 그가 쓰러지다니! 정말 믿기지 않았다.

허둥대며 오른 열차의 유리창을 가로지르는 빗물에 그 친구의 모습이 자꾸만 어른거려 눈앞이 까맣게 타들었다. 병실에 당도하니 그는 이미 의식이 없었다. 산소호흡기로 마지막인 듯한 숨을 몰아쉬며 죽음의 긴 여로에 오를 차비를 하고 있었다.

학창시절 그는 지독한 가난으로 몇 번이나 휴학과 복학을 되풀이했다. 너무 힘이 들어 맥이 빠지면 “돈 한 번 마음껏 써보는 것이 내 소원이다.”라는 넋두리를 하곤 했다. 그의 주변엔 형편이 괜찮은 친지들도 있었지만 전혀 신세질 생각을 하지 않았고, 누굴 원망하는 일도 없었다. 오히려 타고난 좋은 성격과 유머로 주변엔 늘 사람과 웃음이 떠나지 않았다. 언젠가 그가 등록금을 벌기 위해 외항선을 탄 적이 있었다. 처음 타는 배라 멀미로 첫날부터 죽을 것 같은 시늉을 하니 고참 선원들이 다짜고짜 창고 속에 집어넣더라는 것이다. 거기서 사흘 밤낮을 토하고 나니 이상하게도 멀미가 없어지더라며 설익은 무용담을 늘어놓기도 했다. 인생 막판에 오르는 것이 뱃일이라지만 그에게서 일 년여의 선상 경험은 뜨거운 인간애와 삶의 진정한 용기를 배운, 잊을 수 없는 일이었다고 토로했다.

그는 7년 만에 대학을 졸업했고, 직장생활을 하면서도 성실성과 능력을 인정받아 남 먼저 승진도 하였지만 더 큰 뜻을 이루어 보겠다고 낙향하였다. 고향 근처 야산을 구입, 개간하여 양계와 양돈 등 억척같이 일을 했다. 주변에서도 그의 훈훈한 인간미에 매료되어 많은 이들이 도움을 주었고, 몇 년 후 그는 농기계사업을 시작했다. 거침없는 추진력으로 사업은 날로 번창하였고, 다시 상경하여 중소기업인으로 기반을 잡게 되었다. 그는 직원들을 가족처럼 여기며 고락을 함께 하였다. 그리고 어려운 사람들은 물론이고 학비가 없는 학생들에게 학자금을 지원하는 등 남몰래 많은 선행을 베풀었다. 간혹 막역한 친구들을 불러놓고 사람답게, 한세상 멋지게 살다가자며 삶의 의미와 깊이를 역설하기도 했다.

늘 강 건너 기슭에나 있음직한 죽음은 강폭의 거리만큼 저만치에 있어 아득하게 바라만 보았을 뿐, 사실 그리 숙고해본 적이 없었다. 나는 항상 강 이쪽에서 물결 위 햇살의 반짝임과 강둑에 핀 야생초의 고운 빛에만 눈길을 모았지, 강 저편은 잊은 듯이 살아 왔다. 그런데 어느새 우리는 강을 건너고 있거나, 혹은 죽음의 기슭에 닻을 내려 이미 한 발자국씩 옮기고 있는 것이 아닌가. 결국 죽음이란 존재를 끌어안아야 할 시점이 되었다는 것이다. 그렇지만 인식을 진정으로 체현하는 것이란, 친구에게는 지금 어렵게 숨 쉬는 것만큼 힘든 것이고, 그것을 바라보아야 하는 나는 송곳으로 찌르는 가슴 아픔인 것이다. 때늦은 지각

(知覺)이 통한의 눈물꽃이 되어 시야를 가렸다. 처음으로 피안(彼岸)을 생각했다.

인간은 죽음에로 향한 존재, 무생물로 환원하고 싶은 원초적 본능을 가진 존재라고 한다. 리비도(libido)만큼 타나토스(thanatos)가 삶의 언저리에서 가끔은 자살이라는 운명의 부조리를 마시게 하는지 모르지만, 이성의 간절함은 친구의 외로운 하늘 길을 가로막고 싶었다.

'낙엽귀근(落葉歸根)'인가. 이런 이론의 책상머리엔 단순한 인지의 조각들만 수북이 쌓여 있지, 사실 속속들이 체화된 인식들은 없었다고 함이 옳을 것이다. 이제 친구의 사위어 가는 운명을 접하게 되니, 책상위의 그 모든 인식의 조각들은 전신을 훔치는 통곡 속에 바람에 채이듯 허공으로 날아가 흩어져 버린다.

중학교 때 만나, 이제껏 한 하늘 밑에 있으면서 보고 싶으면 언제라도 볼 수 있었던 친구. 이제 더는 그러지 못한다는 서러움이 발을 허공에 딛게 하였고, 그와의 묵은 인연의 그림들은 시야에 잡혔다가 총총히 사라졌다. 아마 나는 허우적거리면서 내려왔을 것이다.

이튿날 동녘 하늘에 아침이 움틀 즈음 그의 부고가 왔다.

현해탄 선상에서

부산항 부두에 어둠이 찾아든다. 우리는 설레는 마음으로 짐을 챙기며 낯선 밤배에 올랐다. 캄캄한 밤바다에 검푸른 파도가 일렁인다. 멀리 하카다항을 향하여 조용히 움직이는 육중한 배는 힘차게 물길을 가르며 어둠 속을 파고든다. 잠시나마 고국을 떠난다는 생각에 두렵고 불안한 감정이 가슴으로 밀려온다. 뱃길이 토해내는 포말을 따라 현해탄의 물결 위에 달빛이 나직이 내려앉는다.

태산 같은 성난 물결이 천지에 자욱하니
만석을 실을 만한 큰 배가 마치 나뭇잎이 나부끼듯
하늘에 올랐다가 땅 밑으로 떨어지니
열두 발이나 되는 쌍돛대는 종이로 만든 옷처럼 굽어있고

‘일동장유가(日東壯遊歌)’를 보면 김인겸은 대한해협을 건너는데 무척 힘이 들었던 것 같다. 그러나 230년이 지난 오늘 밤, 그때의 풍랑이 믿기지 않을 만큼 바다는 잔잔하다.

현해탄(玄海灘)!

우리가 지나고 있는 이곳은 일본 규슈 북서부의 해역, 겐카이(玄海)라고도 하는 이 바다는 겨울에 북서계절풍을 강하게 받아 파도가 거세기로 유명하다. 그보다 현해탄은 일제 때 우리 민족의 애환을 자아낸 슬픈 바다 이름이다. 일제 강점기에 군인으로, 노무자로, 위안부로 끌려가면서 여기에 흘린 눈물이 얼마나 많았으며 한은 얼마나 서려 있었겠는가.

이 해협에서 ‘사의 찬미’를 노래한 사람도 있었다. 윤심덕과 김우진은 개화기의 새로운 가치관을 호흡하면서도 옛 관습을 탈피하지 못하고, 이루지 못할 사랑을 비관하다가 검은 바다 속으로 몸을 던졌다.

우리는 많은 상처를 입었다. 관부연락선은 이 상처들을 실어 날랐던 유령선인지도 모른다. 그러나 늦게나마 이 아픔을 통해서 우리 민족의 자존과 생존의 중요성을 깨달았고, 한국이 어떤 존재인가를 알게 되었다. 너무 깊이 잠이 든 조선조 말기의 조정과 백성들은 그 아픔을 통해서 겨우 각성하게 되었다. 그것은 원망과 저주의 대상이 아니라 철저한 교훈으로 자리 잡았다. 시간은 어떤 비극도 잊혀지고 퇴색하는가. 지금 이 배 안에 있는 여행객들에게는 한 맺힌 현해탄이 자신들의 낭만과 흥분에 휩싸여 물속에 잠긴 전설로만 비춰지고 있는 것 같다.

갑자기 상상의 나래가 현해탄을 훌쩍 넘더니 규슈로, 혼슈로, 홋카이도까지 한달음에 달려간다. 몇 해 전 홋카이도 어느 설산(雪山)에서 산악인의 영혼만을 남기고 먼 하늘나라로 떠난 젊은 여대원이 떠오른다. 이 캄캄한 밤바다 위에서 갑자기 그의 영상이 왜 떠오르는가. 아마 이국의 영역으로 접어들자 갑자기 엄습해 온 외로움 때문이겠지. 아니면 그의 영혼이 머물고 있는 일본이 가까워지자 그가 내 영혼을 마중하는 것인지도 모른다. 그것은 나에게 하나의 낭만으로 남아 있지 않고 큰 아픔으로 남아 이 밤을 더욱 애틋하게 물들이고 있다.

아직도 우리들 가슴속에 일본이라는 그늘이 존재하는가. 기억과 망각의 경계에서 연민과 미움이 교차되고 있음은 어쩔 수 없는 역사의 산물이 아니겠는가. 시간은 냉정하게도 가슴속 기억들을 지워버린다. 여름밤, 요요(遙遙)한 바다 위를 떠가는 감흥은 착잡하기만 하다. 항상 흙만 밟고 살다가 한밤중, 바다 한가운데서 하늘을 쳐다보는 느낌이 신비롭다. 더더욱 이렇듯 가까운 발치에서 하늘 가득한 별을 볼 수 있다는 것은 어쩌면 행운인지도 모르겠다. 갑자기 내가 생성과 소멸의 궤도 위에서 조금씩 사라져 가고 있다는 생각이 들면서 누구든 만나고 싶은 욕망이 솟구친다.

이제 밤은 깊어 물안개 속에서 새벽을 마중하고 있다. 그리고 이 뱃길에 실렸던 붉고 푸른 지난 감정은 해류 속으로 밀려나고, 곧 시야에 나타날 하카다의 이색적인 풍경이 떠오른다. 가깝고도 먼 일본, 해안의 불빛이 지척으로 다가왔는데 자욱한 새벽안개는 나를 저만치 밀어내고 있다.

사랑하는 벗에게

아아 사랑하는 벗이여! 한 인간의 존재란 보잘것없는 것, 정말 보잘것없는 것임을 나는 분명히 알았네.

나의 책상 위에 어느덧 가을의 상념들이 쌓여 간다네. 자네의 뜰에도 생의 연민이 낙엽처럼 부지런히 쌓여 가겠지. 이제 곧 바스러질 그 소리에 초조해 하며, 한 사내의 절절한 사랑이 나의 가을을 이리도 무너지게 하는 까닭은 정말 시간의 엄격함 때문만일까.

우린 너무나 많은 것을 잊고서 살아왔네. 까까머리 학생시절 녹슨 양철지붕 아래서 혹은 판잣집 골방에서 30촉 알전구 속으로 타들어 갔던 문학의 열정을, 철학의 시시비비를, 그리고 LP판 한 장으로 천하의 소리를 얻은 듯한 그 소박했던 젊음을, 까마득한 날의 낡은 초상으로 묻어 버렸네. 하지만 잘 생각해 보게나. 그때가 우리 인생에서 가장

풍족했던 시절이라고 말일세.

내 옆에서 나를 위해 눈물을 흘릴 수 있는 자네가 있어 주었고, 책 속의 진리에 대한 믿음이 있었고, 의로움이 무엇인지, 인간에 대한 예(禮)가 무엇인지, 그땐 우리들의 가치관에 대한 확고한 신념과 순수한 열정만이 전부였던 시절이었네. 얼마나 가슴이 불타올랐던가.

자네에게 묻고 싶네. 그 시절 밤을 새워 전율했던 '햄릿'의 달콤한 고뇌의 맛을 어느 한 순간 그리움으로 환원시켜 본 적이 있는가를. 아니면 자살할 수밖에 없었던 '베르테르'의 슬픔이 허기진 가슴팍을 후려치고 지나감을 단 한 번이라도 느껴 본 적이 있는가를.

우린 정말 많이도 걸어왔네. 서리진 들판에 홀로 선 것 같은 황량한 외로움에, 세상 끝에 선 듯한 몸서리치는 절박감으로 우는 날이 얼마나 많았던가. 손바닥 넓이의 디딤돌 위에서도 목숨의 굽이친 연(緣)을 잡고 얼마나 탐했었나. 그 욕망의 먼지 속에 삭아가는 젊음과 더불어 모든 것은 하나 둘 빛을 바래기 시작했다네. 이제 그 어디에도 '햄릿'은 없고 '베르테르'도 사라져 버렸다네.

오늘 아침 산길을 걸었네. 너무도 평온한 계절이 아닌가 하네. 문득 그때의 자네가 그리워지는 것은 아직 나의 가슴이 살아 뛴다는 증거라고 믿고 싶네. 더 늦기 전에 자네를 찾아 떠나야겠네. 모든 것을 흙으로 되돌리는 가을 숲의 복원력을 온몸으로 전해 받아 망각 속에 숨 쉬는 그들의 푸른 눈빛을 다시 살려냈으면 한다네. 이 순간의 절실함이 나만이 갖는 꿈인지를 자네에게 물어 보고 싶네. 우리는 결코 잊은 적이 없다는 것을. 다만 잠시 접어두었다가 함께 꺼내어 볼 날을 기다리고 있었노라고 말일세.

아아 벗이여! 쑥부쟁이의 보랏빛 꽃잎이 저렇게 고울 수가 있는가. 만약 자네의 기억 속에도 저 꽃들의 눈부신 일렁임이 살아있다면, 자네 나를 맞으러 오지 않으려는가.

농부가 비를 청하듯이 나는 땅위에 엎드려 신에게 눈물을 달라고 기도했었네. 그러나 아아, 내가 그토록 목마르게 갈망했는데, 신은 결코 비도 햇빛도 주시지 않았다네. 이제 되돌아보면 괴롭기만 한 그 시절이 어찌하여 그렇게 행복했을까.

제왕봉 살풀이춤

대저, 인간의 기(氣)는 하늘이 준다. 그 하늘과 인간이 교통을 이루는 접점에 바로 산이 있다. 산은 예로부터 천지신명께 인간의 바람을 기원하는 곳이다. 때문에 영산에는 제천단이 있고, 우리에겐 신성한 곳이 된다. 근자에 팔공산에도 제천단이 발견되어 향토의 산악인들은 그곳에 가보고 싶어 한다. 팔공산 제천단은 신라시대, 국태민안을 기원하며 하늘에 제사를 지냈던 성지이다.

그런데 최근에 영남의 영산인 팔공산에 일제가 쇠말뚝을 박아 혈맥을 끊어 놓았다는 소식을 접하고 분노를 감출 수가 없었다. 성스러운 우리강토가 일제의 더럽힘을 벗어난 지 어언 60년이 지났건만 아직도 백두대간과 금남정맥 등 우리 강토 곳곳, 주요 혈맥에 쇠말뚝이 박혀 있다니. 그것도 제왕봉 제천단 바로 옆에. 향토 사학자들과 풍수 전문가들은 지금도 팔공산과 우리의 영산 어딘가에 많은 쇠말뚝이 더 박혀 있을 것이라고 했다.

팔공산은 내 삶의 정신세계를 이루고 있다. 산이 좋아 산에 다닌 지 수십 년, 팔공산 능선과 골짜기마다 내 발길이 안 닿은 곳이 없다. 수숫골, 도학골, 바윗골, 수태골, 폭포골, 빈대골 등을 돌아다니며 산과 자연의 섭리를 배우고 병풍바위, 조암, 바윗골 등에서 암벽등반을 하며 등산기술과 심신을 수련하였다. 후에 히말라야 산군과 알프스, 요세미티 등 세계의 명산들을 찾아다니며 산 세계의 안목을 넓히는 계기가 된 것도 모두 팔공산을 내 집처럼 드나들며 배운 산의 의미와 정신이 바탕을 이루고 있다.

제왕봉엔 군부대의 주둔으로 출입이 통제되어 등산인들이 들어갈 수가 없다. 옆에 있는 동봉이나 서봉에 올라가서 정상(제왕봉)을 대신하여 팔공산 등정으로 간주하며 만족한 지가 수십 년이 되었다. 팔공산엔 동봉과 서봉 외에도 염불봉, 파계봉, 관봉, 노적봉 등 수많은 봉과 재가 있지만 그 정점은 모두 제왕봉을 향하고 있다.

대구의 산악인들은 제왕봉을 바라만보고 가보지 못하는 것을 늘 아쉬워하고 있다. 그런데 일제 쇠말뚝 뽑기 행사를 위해 한배달민족정기선양위원회와 문인협회가 협력하여 군부대의 협조를 얻어내고 제왕봉에서 일제 쇠말뚝 뽑기 행사를 하게 되었다. 그래서 오늘 제왕봉 산행은 큰 의미와 보람이 있다.

일제는 우리 민족의 정기를 없애기 위해 우리의 산 이름과 봉의 이름도 바꾸고 우리 전통의 백두대간 금남정맥 낙동정맥 등의 산경표(山經表) 개념을 태백, 소백, 마천령산맥 등의 개념으로 바꾸어 우리 민족의 정기를 송두리째 말살하려 하였다. 심지어 우리의 성과 이름마저도 일본식으로 바꾸려 하지 않았는가. 얼마 전 일본의 나가사키 원폭피해 전시관에 가보니 그들은 참혹한 참상을 전시해 놓고 다시는 이런 전쟁을 원치 않는 평화공원을 조성해 두고 있었다. 그런데 우리 강토의 혈맥에 커다란 쇠말뚝을 박아둔 걸 보니 그들의 이중성에 정말 아이러니를 느끼지 않을 수가 없었다.

오늘은 정상에 오르는 산행 길도 북쪽에서 군사전용도로를 이용할 수가 있었다. 오랫동안 출입이 통제된 길이라 자연보호가 잘 되어 있었다. 계곡의 맑은 옥수는 햇빛에 반짝이고 푸른 숲은 하늘을 향해 튼실하고 풋풋해 보였다. 남쪽 수태골 골짜기와는 대조적으로 훨씬 잘 보존되어 태초의 그것처럼 아름답고 청초하였다.

우리는 향토사학자와 풍수전문가들의 제왕봉 제천단의 혈맥에 대한 실사과정을 직접 듣고 체험하면서 큰 쇠말뚝 두 개를 현장에서 확인하고 함께 제거하였다. 그리고 국태민안을 기원하는 전안제(奠安祭)를 올렸다. 문인협회 문우들을 비롯한 함께 동참한 향토의 각계 인사들이 다 같이 정성을 다해 참례하고 살풀이춤도 하늘에 올렸다. 오늘 우리가 하늘에 올리는 살풀이춤과 더불어 오랫동안 우리의 가슴에 응어리진 한들을 함께 풀어서 하늘에 승화시켜 풀어주는 계기가 되기를 바란다.

제천단에서 발아래 내려다보이는 달구벌과 아스라이 바라보이는 팔공의 능선을 응시하며 우린 정성으로 기원했다. 하늘이시여! 선량한 우리 민족과 달구벌의 미래에 언제나 번영과 평화가 함께 할 수 있도록 감로를 내려주시옵소서.

행복은 도달할 수 없는 그 무엇인가

인간은 행복하기 위해서 산다고 한다. 이처럼 행복이 생의 목표라면 그것은 당연히 도달 가능한 것이 되어야 할 것이다. 한 예를 든다면 고대 철학자들은 자기 수행을 통한 미덕을 행복추구의 한 방법으로 여겼다. 이들의 관점대로 본다면 행복은 도달 가능한 것이 될 수 있을 것이다. 그런데 현실은 그렇지 않다. 그 이유에 대해 우선 행복이란 무엇인가에 대한 정의를 먼저 내려야 되지 않을까 한다. 만약 이러한 개념 정의가 이행되어 정리되지 않는다면 행복에의 도달 가능성의 여부도 타진할 수가 없을 것이다.

행복의 사전적 의미는 '욕구가 만족되어 부족함이나 불안감을 느끼지 않고 안심해 하는 심리적인 상태를 의미한다. 그러나 사람마다 철학과 가치관이 다르므로 극히 주관적이라 할 수 있다.'라고 되어 있다.

어떤 사람은 물질적 부를 축적하여 큰 부자가 되면 행복할 것이라 믿고 어떤 이는 권력이나 명예를 가지면 행복이라 믿을 것이다.

행복이란 자신을 둘러싼 것들에 의해 본인이 즐겁게 만족해하며 충만한 느낌을 갖게 될 때를 말할 것이다. 즉 내 정신의 방향과 나의 희망적 기다림이 일치해야 가질 수 있는 것이다. 또한 나의 욕망과 객관적 현실이 서로 부합하고 조화를 이룰 때 생기는 것이다. 행복이 물질적으로나 정신적으로나 부족함이 없는 풍만상태를 가리킨다면 결국 행복에의 도달은 다소 이기적인 것일 수가 있다. 그렇다면 무엇을 행복으로 볼 것인가라는 의미론적 해석을 해보아야 할 차례다. 그런데 사람의 희망과 욕망은 제각기 다르므로 행복의 관점과 목표도 매우 다양하다고 할 수 있다. 따라서 문제는 행복이란 개념을 보편화하는 것인데 이 추상명사는 자의적인 특성이 강해 보편적 개념화가 어려울 수 있다.

그러면 여기서 상대적인 행복의 개념을 생각하지 않을 수 없는데 우리가 흔히들 갖는 일상의 소소한 행복은 모두 상대적인 행복이라 할 수 있다. 이는 매우 주관적인 것으로 때에 따라서는 공공적인 평안과 배치(背馳)될 여지가 있다. 더구나 이 작은 행복을 계속적으로 추구하다보면 다분히 '혼자만의 행복'이란 사회적 윤리성의 문제를 안게 된다. 결국 행복이란 보편적 개념화도 어려운 것이며 상대적 관점도 매우 위태롭다고 할 수 있다.

만약 행복이 인간의 영역에서 벗어난 것이라면 행복의 도달 가능성은 종교적인 믿음의 문제로 넘어갈 수 있다. 무릇 종교는 현세의 고통을 보상하기 위해 내세의 행복을 기대케 하며 약속한다. 즉 현세는 내세의 행복 도달을 위한 준비과정이므로 부단히 선을 추구하는 노력이야말로 진정코 영원한 행복에 이르는 지름길이라고 가르친다.

행복의 도달 가능성은 행복에의 자각이 필수적이라고 본다. 즉 행복은 소망의 실현을 상정하고 있고 소망은 의식하지 않는다면 충족될 수 없다. 다시 말해 성취할 목표와 그것을 위해 내가 할 행동을 분명히 인식하고 있어야 한다. 행복의 도달 가능성의 여부는 개개인의 노력의 여하에 따라 달라질 부분이다. 분명한 것은 행복이란 우리 삶의 영원한 화두라는 것이다. 그러면 지금 우리는 행복한가. 묻고 싶다.

일탈의 독백

제 높낮이를 잃어버린 혼란스러운 감정들이 제 멋대로 춤을 추고 있다.

차창을 때리는 빗소리는 유혹의 소나타가 되어 앙큼한 일탈을 부추긴다.

가을비에 흠뻑 젖은 고목아래 서로의 향기에 흥건히 젖은 그들이 울고 있다.

뜨거운 호흡은 차창에 희부연 커튼을 안개처럼 드리운다.

금지된 장난에 묘한 희열과 긴장감을 느낀다.

그들의 심장은 있는 힘껏 상하로 뜀박질 한다.

달구어진 감정은 서로를 원하고 차가운 머리는 5부를 부르짖는다.

밀고 당기는 갈등에서 아직은 5부가 승리자다.

아니 언제까지나 승리자여야 한다. 그님은 내 고요한 호수에 돌을 던졌고

그님의 돌멩이는 바위가 되어 그의 호수에 다시 되던져졌다.

나른한 눈빛으로 허둥대는 그를 보며 내 책임인 것 같아 꼭 품어준다.

철부지 같은 그가 우습기도 하고 안쓰럽기도 하다.

사랑, 그 몹쓸 병. 예방주사도 없고 우린 언제나 무방비 상태에 놓여 있다.

갈 길은 언제나 멀고 시간은 항상 야속하다.

아직까진 하룻밤이 한계다.

토요일까지 머리 비우고 있어 보겠다고 한 것이

얼마나 가소로운 만용인지…

그 앞에서 나는 한 없이 나약해지는 의지박약아가 된다.

달콤한 유혹의 늪에서 언제나 요행을 바래본다.

이미 내손을 벗어난 화살은 가속도가 붙어

뜨거운 그의 심장을 향해 질주한다.

이 화살을 멈추게 할 수는 없을까?

보고 싶다. 그립다. 하지만 참아야 한다.

그런데 왜 참아야 하는 걸까.

편안한 5부 능선에서 유유자적 즐기는데 위용을 뽐내는 산의 정상이 가끔 눈에 힐끔 들어온다. 빼어난 산세는 5부에 머물지 말라고 유혹한다.

숨을 가다듬고 몸을 추슬러 정상을 향해 한 발 내딛는다.

산은 아무에게나 정상을 내어 주지 않는단다.

가파른 경사, 고산병, 내 체력으로 감당할 수 있을까?

인간의 욕심은 끝이 없다.

길들여진 몸은 정상을 향해 이미 방향을 틀었다.

그 아름다운 산에 내 이름을 붙이고 싶다.

어쩌면 또 하나의 내가 그를 끊임없이 유혹하고 있는지도 모르겠다.

나의 여우 놀음에 기꺼이 늑대가 되어 허허롭게 웃어주는 그가 사랑스럽다.

늑대의 야성에 짜릿함을 느낀다. 순산순간 더 강한 자극을 원한다.

야금야금 고개 쳐드는 욕망은 노을빛 정상을 넘보고 있다.

길잡이가 되어 이끄는 그의 손을 마다하지 않는다.

정상이 저만치서 손짓한다.

어차피 마지막 캠프를 지나면 정상에 가리라고 몸을 추슬렀지만
중간에 힘을 낭비하지 말고 마지막 언덕에서 힘을 모아야 한다.
그와 함께하는 산행은 결코 힘들지 않으리라.
정상으로 향한 길들이 산뜻하고 아름다웠기에
정상 또한 우리를 실망시키지는 않으리라.
그러나 정상을 영원한 이상향으로 남겨 두고 싶기도 하다.

지칠 줄 모르고 내리던 비에 강은 오랜만에 풍요로웠다.
출렁거리는 거친 물살에 우리의 황토 빛 욕망을 실어 보낸다.
고고한 지성과 도도한 체면 날카로운 직관은 잠시 접어둔다.
나의 이름을 불러준 그에게 하나의 의미가 되고 싶다.
인연의 끈으로 묶지 않아도
향기로운 차 한 잔에 따스한 인생을 같이 얘기 할 수 있으면 족하다.
수많은 만남이 스쳐 가지만
훗날 가장 완전하고 멋진 만남이었다고 기억되고 싶다.

– 더 높은 산을 꿈꾸며 –

15W/40

ECOLAND RESORT
FOREST TRAIN

Hotel Eisenhut

Chapter 2 쿨하게

Khukh Mongol

5번아 잘 있거라, 6번은 간다

어느 시골 노인은 아내가 먼저 세상을 떠나자 어설픈 살림살이를 접고 대도시에 사는 아들네로 거처를 옮기게 되었다. 막상 와서 보니 아들은 매일 늦게 귀가하여 얼굴 볼 날이 잘 없고 오갈 데 없는 일과 속에서 집에만 머무르는 서먹하고 외로운 생활이 이어졌다. 날이 갈수록 며느리의 은근한 구박이 피부로 느껴지자 자존심이 상한 노인은 대뜸 짐을 싸들고 시골로 내려가 버렸다. 그날 늦게 귀가한 아들이 펼쳐 본 아버지의 쪽지에는 암호문처럼 몇 자가 적혀 있었다.

'5번아 잘 있거라, 6번은 간다.'

즉 며느리가 우선시 하는 대상은 아이들 둘과 강아지, 파출부 순이고 그 다음 다섯 번째가 남편이고 맨 꼴찌가 시아버지였다. 그 푸대접을 뒤늦게 파악한 노인은 자신이 6번이라는 사실에 쓴 입맛을 다시며 정작 자신보다 더 불쌍한 5번인 아들에게 비장의 이별고사(離別故事)를 남긴 것이다. 웃었지만 정말 웃고 싶지 않은 유머 한토막이다. 누가 말하기를 '가까이 하기에 너무 먼 당신'이 바로 며느리라고 한다. 그런 까닭에 '시아버지 사랑은 며느리'라는 불패의 신화는 이미 그 빛을 잃어가고 있는 실정이다.

이렇게 세태를 빗대어 꾸며진 이야기는 때론 즐거움을 준다. 허를 찔린 기분에서 얻는 반성이건, 아니면 '어째 내 처지와 이리도 똑 같은가'라는 위로에서건 그 울림의 파장은 크다. 어느 경우에서건 바로 나와 우리의 이야기이기 때문이다. 사람이 갖는 욕망의 일정량은 항상 억압된 상태로 머물러 있다. 그 수위에 따라 정신적 건강성이 판가름 날진대, 정상인에게도 억압은 있어 나름의 해소를 통한 수위조절은 반드시 필요하다. 흔히 말하는 카타르시스(catharsis)란 이런 수위조절을 위한 방법이 아니겠는가.

사람마다 욕망은 다르며 그리고 해소의 방편도 다르다. 그렇지만 음악을 듣든 영화를 보든 책을 읽든 아니면 위와 같은 유머를 듣든, 거기에 내포된 서사는 동일한 구조를 갖기 때문에 인간의 억압된 감정을 자극하기에 부족함이 없다. 그리고 이러한 감정의 자연스런 드러냄을 통한 정화가 이루어져야 삶이 평안하다. 어쨌건 감정해소를 위한 매체가 많다는 것은 건강성이 위태롭다는 현상을 말하는 것이기도 하지만 또한 건강성을 회복하는 계기가 될 수 있을 것이다. 그래서 인간의 상처를 어루만지는 매체들이 부지런히 쏟아져 나와야 한다.

가화만사성(家和萬事成)이라고 한다. 인생의 멋진 꿈도 진정한 의미도 생각지 못한 채 허둥거리며 사는 세상의 모든 5번들이여! 6번은 잘 지내시는지 짬을 한 번 내봅시다.

과거에서 벗어나면 인간은 자유로울 것인가

요즘 공명을 추구하는 사람들에게서 과거는 결정적인 걸림돌이 된다. 가문의 영광인 출사를 앞둔 시기에 봇물처럼 터지는 그의 과거는 눈부신 이력과 더불어 탄탄하게 무장된 도덕성을 한꺼번에 무너뜨린다. 당자의 각양각색의 변명은 말할 필요도 없거니와 이를 지켜보는 백성들도 그리 편치만은 않다. 말하자면 '죄 없는 자, 돌로 쳐라.'와 같은 이치기 때문이다. 이처럼 과거가 인간의 자유와 관계되어질 때는 다분히 심판적인 요소를 담고 있다. 그래서 현재는 미래의 거울이 된다.

'무덤 속의 눈이 카인을 보고 있었다.' 빅토르 위고의 유명한 이 시구는 양심의 가책을 상징한다. 누구든 이 '눈'을 피하지 못해 전전긍긍하고 있다. 그런데 양심의 가책은 바로 과거의 흔적이다. 이처럼 과거가 현재의 자유를 볼모로 하는 것은 그 자체가 갖는 부정성(不正性) 때문일 것이다. 마치 무덤 속의 눈처럼 현재를 불안하게 하고 미래를 위한 어떠한 도전도 할 수 없게 만들고 있다. 프로이트에 의하면 정신세계에서도 초기의 부정적인 경험은 무의식에 저장되어 있다가 필연적으로 되돌아와 현재를 어지럽힌다고 한다.

그런데 정말 과거의 기억이 인간에게 족쇄로만 작용하는가. 다시 말해 인간에게 과거가 없다면 자유로울까. 그렇지 않을 것이다. 왜냐하면 사람에게 과거는 부정적인 것만 담고 있지 않기 때문이다. 과거는 인간의 관습과 같은 집단적 지식을 축적하여 삶의 필수적인 가르침을 주기도 한다는 것이다. 우리가 바라는 미래를 예측하고 대비하는 것은 반드시 현재까지의 경험에서 출발해야 하기 때문이다. 과거가 없는 인간의 생각은 부조리하며 그 자유 또한 현실적으로 무의미하다.

자유를 논함에 있어 과거는 분명 긍정적이어야 한다. 뒷날 교정될 수 없는 부분을 갖고 있기 때문이다. 인간 행위는 과거, 현재, 미래를 왕복운동하면서 연속성을 가지기 때문에 진정한 자유로움이란 일관성이 유지된 시간 위에서 가능해질 것이다. 그리고 현재의 철저한 자기검증에 의해서만 얻어질 수 있는 것이라고 믿는다. 만약 공기의 저항과 싸우지 않아도 된다면 새는 더 자유롭게 날 수 있을 것이라고 생각하는가.

리더십의 성패

사람이건 동물이건 그것이 집단행동을 취할 때는 반드시 거기에는 그 무리를 이끌어가는 통솔자 혹은 지도자가 나서기 마련이다. 자연발생적으로 그 중 하나가 떠받들려지든가, 의식적으로 가려지든가, 제가 스스로 나서든가 간에 통솔자는 그 집단의 효율적인 목적수행을 위해서 알맞은 존재로 생겨난다. 그런데 실제 리더십의 부재로 인한 조직의 비효율성과 실패의 원인 그리고 미래지향적인 발전에 너무나 많은 부정적 영향으로 조직의 합목적적성과 목표수행, 능률적 기대치에 많은 문제가 생길 수 있는 것이다.

대자연의 환경이라는 변화무쌍한 무한대의 목표를 앞에 두고 그 어려움을 이겨나가며 목적을 이루어야 하는 등산(등정) 활동에는 특히 더 중요하다. 대원 각자가 아무리 자신의 관리를 철저히 하고 유능하다

할지라도 그 대원들을 한 팀으로 엮어 한 가지 공동의 목적으로 합일하여 이어내지 못하면 좋은 리더로서의 역할과 책무를 다하기에는 부족하다 할 것이다.

그러나 그는 등정이라는 목적을 확실하게 수행하면서 무엇보다 안전하고 효율적이며 또 즐겁게 팀을 이끌어 나가야 한다. 설령 그에게 독선적인 경향이 있고 또 그것이 그의 인간적 매력의 일부가 된다 할지라도 그에게 조난의 위험 앞에 대원을 내놓을 권리는 없는 것이다. 등반 목적을 달성하는 일과 대원의 생명을 보호하는 일과의 사이에서 빚어지는 냉철한 판단과 결단에서 빚어지는 내면적 갈등과 고민에 자주 부딪치게 되는 것도 리더이지만, 그때야말로 그의 리더로서의 중요성과 값은 다 드러나게 되는 것이다.

산악사고의 처리에 대한 법률적인 개입은 아직도 석연치 않은 형편이지만 도의적인 양심의 책임이 스스로를 더 압박할 수밖에 없는 것이다. 이즘 흔히 누구나가 그것이 무슨 감투이기나 하듯 다투어 그 자리를 탐내고들 있지만, 그것은 분명 바르고 현명한 일이 못될 것이다. 인간이란 꼭 자신이 그런 일을 당해봐야 안다는 그런 존재가 되어서는 곤란한 것이다.

그 자리에 앉기 전, 그는 먼저 자신의 능력을 돌아다봐야 한다. 체력으로나 기술로나 여느 대원보다 뛰어나다는 초보적인 기준에서만이 아니라, 많은 경험에서 우러나는 위험에 대한 감각이 남다른가, 훌륭한 산악운동의 발전을 지향하는 열정이 얼마나 있는가. 또, 임무를 수행할 수 있는 책임감이 투철하면서 또 대원들의 사람됨을 두루 잘 알고 있는가, 그리고 그 대원들 속에서 온정과 포용력과 그러면서 그를 따르게 하는 매력 있는 인격을 지님으로써, 미경험의 대원마저 감화시키고 교육할 수 있는 능력을 지니고 있는가를 스스로 되살펴 볼 일이다.

비단 산악활동에서만이 아니라 일반 사회생활에서도 리더의 덕목으로는 여러 가지가 필요하지만 현대에 각광받는 효율적이고 인간적인 리더십은 조직원들과의 화합으로 함께 소통하고 더불어 참여하는 민주적인 의사결정으로 자기중심적인 편견과 아집에서 먼저 벗어나지 않으면 안 된다. 항상 조직원들의 가운데 서서 균형 이룬 감각과 사고로 조직원들이 공감하는 합리적이고 민주적인 의사결정이 중요할 것이다.

또, 좋은 리더십의 가치로 절대필요조건은 미래에 대한 비전(vision) 제시와 발전을 향한 열정이다.

우리가 함께 힘을 모아 노력하고 열심히 하였을 때 어떤 성과와 보람이 있고 궁극적으로는 어떤 결과가 되어 우리가 이루고자 하는 목적을 이루고 발전할 것이란 목표설정과 비전제시가 없다면 그 조직을 합목적적이고 효율적인 조직으로 이끌어내기엔 어려울 것이다. 따라서 좋은 리더십을 배우고 갖추고 싶다면 스스로 끊임없이 다양하게 많은 공부와 수양을 쌓고 또 연구하고 고민해야 할 것이다. 그렇지 않다면 훌륭한 리더십을 발휘하기가 어려울 것이다.

나만의 행복 추구

'나는 지금 행복한가?' 이 질문은 결국 나는 행복하지 않다는 것이다.

지금의 폼 나는 윤택감이 결코 행복을 주지 않는다는 날벼락 같은 자각이 우리의 뒤통수를 칠 때, 온 산이 무너져 내리는 허탈감으로 탈진했던 경험이 있을 것이다.

어느 행복한 주부가 있었다. 남편의 연봉이 1억 가까이 되고 시가 5억 정도하는 아파트에 살고 있었다. 물론 아이들의 성적은 늘 상위권을 유지했고, 남편의 직장은 안정적이며 이미 관리직의 위치에 있었으므로 말하자면 꿇릴 것이 하나 없는 살림살이였다. 그런데 어느 날 강 하나를 사이에 두고 빤히 보이는 동네의 집값이 두 배, 세 배 오르는 것을 본 이 주부는 슬그머니 불안해지기 시작했다. 급기야 다섯 배 이상의 차이를 보이자 눈이 뒤집히는 것이 아닌가. 사실 자신의 집값이 내려간 것이 아닌데, 결코 잃은 것도 없는 '상대적 박탈감'으로 갑자기 자신이 너무 불행한 것이 아닌가 하고 걱정이 되더라는 것이다. 말하자면 이제껏 차지했던 행복의 질량은 줄어든 것이 없는데 뒤바뀌진 감정을 추스르기가 힘이 들었기 때문이다. 이처럼 행복은 상대적이며 주관적이기도 하다. 관점의 저울질에 따라 널뛰기의 양극성을 보이는 것이다. 칸트도 행복에 대한 가장 어려운 문제를 '무엇을 행복으로 보느냐'라는 개념의 정리라고 했다.

뉴스의 표제 중 '나만의 행복 추구'라는 것을 본 적이 있다. 다양한 행복 찾기의 주인공들이 함지박같이 선한 얼굴로 화면을 가득 메웠다. 그러고 보면 고대 철학자들이 행복과 미덕을 동일시하며, 미덕의 실천이야말로 지속적인 행복을 추구하는 것이라고 주장한 것이 무리가 아닐 것이다. 그런데 제국 말기의 로마인들은 서커스경기에서 자신들의 행복을 찾았지만 그것을 주기적으로 반복할 만큼 그들의 행복은 일시적인 것이었다고 한다. 이처럼 행복이 '신의 선물'이라면 인간은 또 한 번의 시험을 치러야 한다. 그것은 순간성과 지속성을 동시에 염두해 두어야 하기 때문이다. 그런데 이런 이율(二律)의 모순된 합(合)을 찾기란 인류역사가 끝날 때까지 도달할 수 없을 만큼 어려운 것이다. 왜냐하면 가장 보편적인 행복을 찾는 끊임없는 여정에 시달려야 하기 때문이다. 그렇지만 인간은 이러한 행복의 속성에 부질없어 하면서도 '희망'이란 끈을 놓지 않고 있다.

행복감에는 개인적인 감수성이 많이 작용한다. 그래서 저마다 다른 행복의 얼굴이 있으며 그 얼굴은 나름대로 곱고 아름다운 것이다. 자! 현재의 불안을 구두점으로 찍고 나만의 진정한 행복을 찾아 떠나보지 않으려는가.

설산의 인연

우린 모두 초조했다. 새벽부터 15시간을 꼬박 눈 위를 러셀하며 걸었다.

모두들 말이 없다. 지칠 대로 지쳐 있다. 어둠이 내리면서 눈보라는 더욱 세차게 몰아치고 기온도 급강하한다. 허기도 진다. 벌써 나타나야 할 대피소는 보이지 않는다. 사방은 컴컴하다. 지금 어디쯤인지도 분명치가 않다. 이번 훈련 산행을 책임진 대장으로서 긴장되고 난감했지만 대원들 앞에선 내색도 할 수 없다. 나를 믿고 따라온 아홉 대원들의 사기 때문이다.

잠시 휴식을 명하고 지도와 컴퍼스, 고도계로 현 위치와 진행방향을 확인하며 침착하려 했다. 눈보라가 치는 밤이라 정확한 위치확인도 되지 않았다. 길을 잘못 들지 않았다면 벌써 있어야 할 대피소가 불빛조

차도 보이지 않으니 잘못 온 걸까. 아직 덜 왔을까. 육감을 다 동원했지만 오리무중이다. 극기 훈련이랍시고 오늘 낮에도 행동식으로 때우고 종일 무릎까지 빠지는 눈길을 헤치며 걸어왔으니 나도 힘이 빠져 거의 탈진상태였지만 대원들 앞에선 태연한 척 허세를 부리고 있다.

지금 상황으로는 야영이나 비박도 어렵다. 부대장 홍규에게 여기가 어디쯤일까 하고 넌지시 물었다. "어두워 잘 모르겠어요." 한다. "여기서 야영을 할 수 있을까." 하고 또 물었다. "형님 어렵습니다. 천막 칠 데도 없는데요. 물길도 없고 모두들 허기져 지쳐 있어요." 홍규는 내가 길을 잃고 진퇴양난으로 고민하고 있음을 알아 차렸다. 여기까지 묵묵히 따라온 대원들도 눈치를 챘는지 낙심하며 탈기하는 표정들이다. 여기서 길을 잃다니! 대장으로서의 책임과 체면이 말이 아니다. 아니 그보다 당장 이 위기를 어떻게 모면할지가 더 급선무다.

여기까지의 산행시간과 거리 방향 고도 등을 계산하며 여러 각도의 생각으로 절박한 상황에서 탈출 방법을 모색했지만 마땅한 해법이 없었다. 무작정 밤새껏 걸어가야 하는 것인가. 눈보라는 더욱 거칠게 몰아친다. 지쳐있는 대원들은 더 이상 걸어 갈 기력이 소진된 상태다. 어찌해야 할까! 이러다가 사고가 나는 것이구나. 나는 내심 조난을 직감하고 있었다. 아홉 대원들은 나를 믿고 불만 없이 여기까지 잘 따라주었는데, 안전하게 리더하지 못한 자책감에 부끄럽고 미안한 생각이 들었다.

일단 쓰러져도 가다가 쓰러져야지, 여기서 그냥 주저앉아서는 안 된다는 생각에 힘을 내서 조금만 더 가보자고 했다. 곧 대피소가 있을 거라고 말했지만 영 자신이 없다. 모두들 말없이 한참을 걸었다. 가도 가도 대피소는 나타나지 않는다. 다시 휴식을 명한 뒤 에코와 구조신호를 보내보기로 했다. 다같이 하나 둘 셋 "희운각!" 하고 소리쳤다. 아무 응답이 없다. 다시 랜턴 불빛으로 6.3구조신호를 보냈다. 몇 번을 반복했을까. 아무 반응이 없다. 침묵이 흘렀다. 막내 대원 숙희는 낙심하여 울고 있었다. 절망상태에서 서로 얼굴만 쳐다보며 말이 없다. 랜턴 불빛에 스친 숙희의 얼굴엔 하이포서미아 현상이 보인다. 입술이 새파랗다. 불길한 생각이 든다.

그렇게 절박한 순간이었다. 저 멀리서 불빛이 깜박거렸다.

"아니, 형님 불빛이 반짝였어요." 홍규가 외쳤다. "어디" 잠시 후 다시 불빛이 세 번 반짝이며 움직였다. "누군가 우리 신호를 본 모양이다." 우리도 계속 불빛신호를 보냈다. 아, 이제 방향은 찾은 것인가. 난 불빛을 따라 행군을 명했다. 대원들은 희망을 갖고 불빛방향으로 전진했다. 한참을 갔을까. 대원중에 누가 "희운각~" 하고 소리쳤다. 저 멀리서 "여기!" 하고 응답했다. 여자 목소리다. 난 안도의 한숨을 쉬었다. 사람 소리가 가까웠다. 대뜸 "희운각이 어딘가요?" 하고 소리쳤다. "선배님!" 하며 되불렀다. 아니, 낯익은 목소리가 아닌가! 불빛 신호를 보내며 다가온 사람은 Y대 산악부 J양과 N양이었다. 작년 백두대간 동계 종주할 때 우리 팀과 합동산행을 하며 날 선배로 부르던 억측 여성 산꾼들이다. 어떻게 여기 왔는지를 되물으니 Y대에 보낸 우리 산행계획서를 보고 희운각에 올 줄 알고 기다렸는데 예정시간이 지나도 오지 않아 걱정되어 마중을 나왔다는 것이다.

아니! 이런 게 '텔레파시'인가. 고마움인가. 그들 마중이 없었다면 우린 어찌 되었을까. 팀 리더란 얄팍한 체면 때문에 말은 못 했지만 이들이 우리 팀을 구해준 뜻밖의 구세주다. 그날 후로 J양과의 운명적 인연은 히말라야 고산등반의 험난한 도전에서, 설악산 범봉의 까칠한 암벽에서나 세파에 출렁이는 삶의 항해에서도 오랫동안 오누이처럼 끈질기게 얽혀졌었다. 그런데도 그때 겨울 설악에서 우리 팀을 구난해주어, 진 빚을 갚을 기회는 끝내 내게 주어지지 않았다.

하얀 꿈을 사랑하며 쉼 없이 설산을 좋아하던 그녀는 몇 해 전 어느 날 한마디 인사도 없이 우리 곁을 떠났다. 히말라야 단독 등반 중 사고를 당했다. 계곡에 외롭게 쓰러진 그녀의 차가운 시신을 수습하며 나온 한 장의 사진에 내 가슴이 아려왔다. 언젠가 설악의 암벽 등반 중 헬멧을 쓴 채 전우처럼 나와 어깨동무하여 찍은 빛바랜 사진을 가슴에 품고 있었다. 그녀가 가는 마지막 불꽃을 바라보며, 텅 빈 내 가슴의 공허함이 심장을 찌르는 쓰라림으로 한동안 방황의 시간으로 세월을 헤매었다. 오랜 세월이 지난 지금까지도 내 생애 한 켠에서 아련한 그리움인지 삶의 회한인지 여울진 멍에의 어두운 그림자가 되어 필연처럼 지워지지 않는 짙은 물안개로 어려 잊혀지지 않고 있다.

문명을 벗어나면

문명의 혜택을 많이 누리며 사는 사람일수록 그만큼 또 문명의 그늘을 벗어나기를 좋아한다. 그것은 그가 문명인이기 전에 태초에 지니고 있는 인간으로서의 원초적인 본래의 인간성을 지금도 자신의 속에 더 많이 지니고 있다는 자각에서 비롯되는 어쩔 수 없는 본래적 몸부림일 것이다.

의·식·주 그 모든 것 중 꼭 필요한 것만 가리고 추려서 챙겨 넣은 배낭 하나만 달랑 짊어지고 인간의 문명세계를 벗어나면, 그렇게 홀가분할 수가 없는 것이니, 그때 그대 속에 잠자던 영혼은 눈을 비비고 그대의 참모습 앞에 마주 앉을 것이다.

옆에 인간의 것이라곤 없는 대자연의 흙냄새를 맡으며 풀밭에 벌렁 누워 새소리 풀벌레소리를 들으며 유유히 떠가는 구름을 쳐다보는 참

구름 같은 감정 속에 자신의 멍청함을 되씹는 맛도 어찌 일취라 하지 않으리. 저녁밥을 지어먹고 천막 밖으로 나가서 별빛을 바라보며 차 한 잔을 음미하노라면 바람결에 산이 그대에게 인사를 청해 온다. 오랜만이네! 하면서.

검은 정적만이 천막 기둥에 걸어둔 랜턴을 감싸 안고 천지는 밤바람으로 괴괴한데 그때쯤 눈에 보이지 않은 것들이 어둠속에 눈뜨고 말을 건넨다. 눈앞을 막는 저 시커먼 암능은 몇 만 년 전 빙하의 흔적일까, 저 보석 같은 별무리는 또 몇 억 년의 나이를 먹었는가. 조금은 아득한, 조금은 신비스런 그 영원이란 것에 대해서도 처음 생각의 나래를 달려본다.

때로는 폭우 속에 견디다 못해 물에 빠진 새앙쥐 모양을 하고 뛰어드는 산장에는 또 거기대로의 정취와 낭만이 있다. 옛날 지리산 노고단 산장에서 오랫동안 등산인들을 도와주며 지리산 보호운동을 하시던 노선배님이 그리워진다. 젖은 옷을 벗어 모닥불에 말리며 오랜만에 맛보는 산사나이들의 인정, 그 중에도 산 속에 혼자 살아 자연 말수가 적어진, 그러면서도 그 무뚝뚝함이 오히려 산사나이들에게 인기가 있는 산장지기 아저씨에게서, 두고 온 인간세상과의 인연을 끊게 된 사연을 듣는 맛도 삶의 희로애락, 힘겨운 여정을 다시 생각하게 한다.

때는 봄, 맨발에 새풀이 간지러운 초원을 건너 자지러지는 산새소리를 따라 떠나라. 문명이 흐려놓은 공해를 벗어나 영마루를 넘어라. 물질문명에 찌든 그대 심장과 살갗을 태양 아래 태우고 냇물에 씻어보라. 자신의 의지와 힘만으로써 자연 속에 때 묻지 않는 자신의 인간성을 찾아 용기 있게 나서보리라.

온 천지가 은세계처럼 폭설과 눈보라로 차가운 하얀 산에서 혹여 잘못 들어선 길은 아닌지 나침반을 다시 한 번 확인해 보자. 하얀 산의 칼바람 소리를 들으며 나는 어디에 있으며 어디로 가는지를 되돌아보자. 겨울 산에는 백설과 함께 설인의 신비로운 전설이 있고 얼음폭포가 수채화를 그려내는 빙폭에서 피켈과 햄머, 하켄과 아이젠을 손질하며 우리네 삶이 과연 어떤 의미와 가치가 있는지 자성해 보며 얼음폭포와 설벽을 기어 올라보고 싶다.

그리고 심장이 멈추는 그날까지 보다 내 삶의 더 높은 곳을 향하여 끊임없이 사색하고 개척하며 도전해보며 살고 싶다.

'쿨'하게! 미련에 우는 맛을 아는가

눈치만 보며 그렇게 사느니 차라리 죽고 말지 그렇게 못 살지
cool하게~ 가슴은 뜨겁게, 어차피 내 멋대로 사는 세상
사는 게 모두 똑 같다면 그냥 미련 없이 버리고 떠날래

조금 이질적인 말. 단절감이 느껴지는 말. 조금 가볍다 싶은 말. 계산이 분명한 말. 그러면서도 혼미한 상황에서는 각성제처럼 톡 쏘는 말. 얄밉도록 앞가림을 잘해서 부러움을 갖게 하는 말. 곰곰이 생각해 보면 타당하다 싶은 말. 아주 당당한 말. 구질구질하지 않는 말. 화끈한 말. 바쁜 세상에 경제적인 말. 뒤끝이 없는 말. 엉겨 붙지 않는 말. 다시 볼 일 없는 말. 그래서 피차가 편한 말.

다의어(多義語)인 이 '쿨하게'를 생각하며 입맛을 다신다면 분명 그는

구세대다. 그런데 너무나 세련되어 보인다는 것에는 이설이 없지만 선뜻 인정하고 싶지 않는 것도 사실이다. 또한 잘 다듬지 않은 감성을 이성으로 무장시키는 그 재주를 놀라워하면서도 왠지 낯설다는 느낌은 지울 수가 없다. 아직도 우리는 '차마 떨치지 못하고'에 더 익숙하다. 끈끈한 사람의 맛이 배어 있기 때문이다. 한 번 돌아보고 또 돌아보고, 갔던 길 되돌아와서 다시 보고 떠나는 엉거주춤한 풍경에 뭉클한 인심이 돈다. 그래서 몇 날을 고민하면서도 행여나 하는 마음을 가지게 되고, 붙들고 통 사정을 해 보는 행태가 몸에 잘 맞는 옷처럼 편안하니 어찌할 수 없는 구세대다. 그래서 부르는 노래가 '셜온 님 보내 ᄋᆞᆸ노니 가시ᄂᆞᆫ ᄃᆞᆺ 도셔 오쇼셔'가 아닌가 한다.

요즘 '쿨하게'와 같은 신조어에 둔감한 사람, 역시 구세대다. 사람의 관계 속에 싹튼 말들 중에 대표적인 것이 이모티콘(emoticon)이 아닌가 한다. 휴대전화 문자나 이메일 끝머리에 이모티콘을 사용하지 못하면 그는 구세대다. 그 전자상형문자의 생김은 참으로 기발하다는 감탄과 더불어 언어를 넘어선 의미전달의 기능까지 확인할 수 있다. 정말 핀잔을 들어가며 어렵게 배웠다. 아나로그세대 취급받기 싫어서, 너무나 기발해서 한 번 써보고, 식상한 말보다는 새로워서 한 번 써 보고, 늙지 않았다는 말 듣고 싶어서 한 번 써보고, 젊은 친구에게 잘 보이려고 한 번 써 보고 했지만 감칠맛은 느껴지지 않았다.

쿨하게 미련에 울지 않는 신세대들이여! 이 사실을 아는가. 구세대에게도 나름의 쿨한 것이 있었다고.

'나 보기가 역겨워 가실 때에는 죽어도 아니 눈물 흘리오리다.'

벽두(劈頭)에, 칼날 위에 서다

공자는 중용(中庸)을 이야기하며 그것을 지키기란 칼날 위에 서는 것보다 어렵다고 했다. 성현도 어렵다는 중용을 범부(凡夫)의 좁은 품새로 논하기란 가당치 않은 일일 테고 한 해를 시작하며 나는 과연 무엇을 지키기 위해 칼날 위에 서는 의지를 세울 수 있는지를 화두(話頭)로 끌어내고자 한다.

'나는 누구인가?' '나는 진정 나의 주인인가?'라는 인간의 근본적인 질문에 답을 구하고자 우리는 오늘도 걷고 있다. 자신을 안다는 것은 자기 존재의 진실을 발견하여 그것을 표현할 수 있는 것을 의미한다고 할 수 있다. 인간은 자기 스스로를 의식하기 시작함으로써 타자의 가치 지향에 의한 두터운 환상에서 벗어날 수 있고, 상상의 자아가 아닌 상징으로서의 자아를 발견하는 것이다. 이처럼 자기를 발견하는 자아탐

색에는 내적성찰의 신산(辛酸)함이 따르고 엄격한 자기평가의 틀 위를 걸어가야 한다. 이로써 얻어진 자기 존재에 대한 긍정적인 평가는 일상의 반복에 만족하는 것을 벗어나서 무언가를 새롭게 시도해야 한다는 깨달음을 얻게 해준다. 이 순간 자기 생의 진정한 의미를 찾았다고 할 수 있다.

자기탐색을 위한 고단한 길에 등불 같은 것이 책이다. 책읽기 작업은 인간이 타자(세계)와 맺는 관계에 대해 눈을 열게 하고, 인간 자신의 역사와 그 결과물에 대해 오롯한 자의식을 갖는 기회를 마련해 준다. 무엇보다 책이 값진 것은 하나의 의문을 해결하기 위한 수많은 시간과 고뇌와 노력들이 그 속에 녹아 있기 때문이다. 그것을 발견하는 것이 절대적인 나의 의지이며, 이 의지는 나의 정체성을 찾아가는 길의 표지판과 같을 것이다.

새해 첫날, 산에서 혹은 바다에서 떠오르는 해를 기다리며 우리는 무언가를 생각하거나 염원했을 것이다. 그 엄숙한 순간에 '나는 누구인가'라는 질문을 던져본 사람이 있었을 것이다. 마음의 가닥으로만 잡을 수 있는 모든 발원(發願)의 의지도 결국 나를 찾기 위한 의식이다.

나를 찾아가는 길은 흔들리는 날이 더 많을 수 있다. 그 흔들림의 중심에는 외부적 힘이 회오리를 치기 마련이다. 그러나 그 힘에 위축되어 뜻하지 않게 좌절하게 되더라도 스스로를 칼날 위에 세워 나의 가치와 존엄을 지켜나갈 때 '나는 진정한 나의 주인'이 될 것이다. 이제 우리 함께 내가 누구인지 내 존재의 의미는 무엇인지를 그리고 내 삶의 가치는 어떤 것인지를 따져봐야 하지 않을까.

사랑의 열정은 영혼의 병인가

'미친 사랑의 노래', '미친 사랑', '사랑에 미치다', '지독한 사랑', '중독 된 사랑'. 사랑에 대한 열정에 흔히들 '미치다'는 말을 많이 쓴다. 또 다르게 '불타고 있다', '눈이 멀었다', '제 정신이 아니다'는 말도 쓴다. 이런 극단적인 말이 아니더라도 사랑의 열정은 그것에 사로잡힌 자들로 하여금 비정상적인 행위를 하도록 유도한다. 사랑에 빠진 자는 마치 현실이 영원한 듯, 시간을 벗어난 듯이 행동하고 자신의 상황은 '특이한 예'라고 스스로를 설득시킴으로써 현실적인 감각과 판단을 유보하는 관용을 갖는다. 어찌 보면 열정이 인간의 이성을 흐리게 만들고 자기행위의 합리화를 부추긴다고 볼 수 있다. 누군가는 사랑의 열정을 '영혼의 병'이라고 했던가. 혹은 '이성적 능력의 환기는 곧바로 모든 정열의 개입을 물리치는 것'이라고 말이다.

그러나 열정에 관해 이같이 부정적이고도 정신의학적이 시선만 있는 것이 아니다. 낭만주의자들은 사랑의 열정을 보다 긍정적으로 생각했다. 무엇인가 영원하고도 절대적인 것이 있기를 간절히 바라는 마음에서 열정에 사로잡힐 것을 갈망했다. 그들은 열정이 없는 인생은 무미건조하고 가치 없는 것으로 보고, '사랑에 죽는 것은 사랑을 알지 못하고 죽는 것보다 낫다.'고 주장했다. 열정 없이는 어떤 위대한 일도 해내지 못한다고 생각한다면 사랑의 열정 또한 도덕적 희생을 강요하는 '광신'만이 아니라는 것이다. 아무튼 애정관계의 다양성을 볼 때, 사랑의 보편타당한 답은 구하기 어려우므로 사랑과 열정은 신화와 환상에 불과한 것이 아닌지를 생각해볼 필요가 있다.

포털 사이트 검색 창에서 '사랑에 미치다'를 쳐보면 사랑에 미치기를 갈구하는 사람이 의외로 많음을 확인할 수 있다. 바이러스처럼 일순간 감염되거나 들불처럼 타오르기를 원하는. 누구나 한번쯤 그러한 사랑을 꿈꾼 적이 있을 것이다. 현실의 단조로움과 규칙을 벗어나 오로지 한 가지만을 위해 열정을 다할 수 있는 사랑 말이다. 이런 목마름은 친구의 남편도 예외가 될 수 없다는 드라마를 통해 '각자의 진실이 따로 있다.'란 이해의 넓이로 접근하는 시청자의 반응이 사뭇 재밌다.

그런데 문제는 사랑의 열정이 개인의 자유와 존중받을 권리를 빼앗는다는 것을 생각하기까지 제법 오랜 시간이 걸린다는 것에 있다. 게다가 매우 슬픈 사실은 열정의 생명이 길지 않다는 것과 무진장한 고통이 수반된다는 것이다. 열정적인 사랑 속에 서 있는 사람은 흔들린다. 왜, 항상 불안하니까.

여기서 사랑에 빠져 화재가 되었던 미인의 '러브레터' 한 부분을 살펴본다

(전략) "이상 징후다. 감정을 조절하는 신경계가 뒤범벅이 돼버렸다. 돌아서는 순간 보고 싶다. 숨 한 번 쉴 때마다 그립다.

내 가슴 저편에 이런 열정과 갈망이 도사리고 있었다니…….

혼란스럽지만 꿈결같이 행복하다. 이 감정을 그대로 즐기고 싶다.

잿빛으로 물들여진 비 오는 날의 음울함이 이렇게 편안하게 느껴짐도 묘하다.

그는 내 오래전 기억 속에 사람처럼 푸근하다.

흔들리는 감정은 그의 눈길을 내칠 수 없게 한다. 악마는 내가 그어놓은 도덕의 선에서 멀리멀리 물러나라고 끊임없이 속삭인다. 사람의 사악함은 어디가 끝인가?

충족에 이르도록 노력한 클림트처럼 숭고한 에로티시즘의 미학을 당신과 나누고 싶네요." (후략)

사랑은 바보짓이다, 미친 짓이다, 열병이다, 못된 중독이다, 영혼의 병이다, 또는 눈물의 씨앗이다, 등 여러 표현이 있지만 그러면서도 또 끊임없이 사랑을 찾아 꿈꾸고 헤매며 갈구하는 것이 사람이란 것이다. 그래서 우린 사랑을 직접 고통스럽고 쓰라리게 경험해 보지 않고는 무어라 단언하기는 어려운 것이 아닐까.

조연배우

수만의 관중이 열광하고 있다. 대망의 결승전에서 과연 어느 쪽이 승리 할 것 인가. 백구의 광장에서 수만 군중의 가슴이 조바심으로 타고 있다. 9회 말 투아웃 주자는 만루다. 현재는 3:0으로 패색이 짙다. 풀카운트 타석에 선 4번 타자의 초조와 긴장. 상대팀 투수는 타자를 노려보고 있다. 어느 코스로 들어오는 직구일까, 커브일까. 투수는 타자를 속이려 하고 타자는 투수의 속내를 간파해야 칠 수가 있다. 승패는 볼 하나의 선택으로 달라진다. 심장은 박동치고 벤치의 감독과 동료선수들 그리고 관중들은 나만 바라보고 기대를 걸고 있다.

이대로 기회를 잡지 못하고 질것인가. 아니면 대 반전의 역전 기회를 잡을 것인가. 볼 하나의 선택과 결정에 달려있다. 수만 관중의 긴장된 눈동자가 마지막 볼 하나에 신경을 집중하고 있다. 상대 투수의 총알 같은 강속구가 바람소리를 내며 강하게 스트라이크 존으로 달려들고 있다. 정신을 가다듬고 호흡조절을 한다. 최소한 삼진아웃은 싫다. 회전하며 들어오는 공에 집중하며 힘껏 내둘렀다. '딱' 소리에 관중들은 일제히 함성과 함께 자리에서 일어선다.

인생을 살다보면 누구나 세 번은 좋은 기회가 온다고들 한다. 또 인생은 희로애락의 연속이라고도 한다. 사람이 살아가면서 우리는 끊임없이 선택의 연속에서 갈등하고 고민하며 결정해야 한다. 학창시절 입학시험에서부터 '인문계'냐 '이공계'냐 동쪽학교냐 서쪽학교냐 서울학교냐 지방학교냐 전공은 무얼 선택할거냐를 고민하고 갈등한다. 또 어떤 직업으로 살 것이며, 어느 직장에 갈 것인가. 이성 상대는, 결혼은 누구와 언제 할 것인가 등 끊임없이 선택하며 살아가는 것이 삶이다.

그런데 어떤 모습이나 형태로 살아가더라도 가장 중요한 것은 내 인생에서 어떤 가치와 의미를 두고 자신의 확고한 삶의 철학을 바탕으로 신념과 원칙을 갖고 살아가는 것이 가장 중요하다 할 것 이다. 삶은 늘 긍정과 부정이 함께 넘실거린다. 언제 어디서든 긍정 너머에는 부정의 운무가 춤을 춰서 우울한 모습을 하듯 세상의 모든 것은 즐거움과 환희만 있는 것이 아니다. 우리들의 삶의 무게가 그리 만만치도 평탄치만도 않는 것이다. 차창에 흐르는 세상의 풍경들이 아름답다 반갑다 손짓하여도 이따금 찾아드는 삶의 운명적 장애물로 고통 받고 갈등하며 마음의 철창에 갇혀 무거운 죄인처럼 창조주를 원망할 때도 있다.

고향열차를 타고 차안을 오고가는 각양각색의 삶의 표정들을 훔쳐보며 오만 상념에 젖어든다. "그럼 나는 누구이며 왜 사는가?" 자신을 되돌아보며 내 삶의 의미와 가치는 무엇인가? 남은 인생은 어떻게 살아야 하는가를 반문하며 고뇌하고 나의 존재 의미에 의문을 갖게 된다. 지금껏 살아오며 나의 선택은 과연 몇 점일까. 기회는 놓치지 않았는가. 조선시대 연산군 시절 충정으로 바른말로 뜻을 굽히지 않고 지조를 고집하다 결국 역적으로 몰려 참수를 당한 탁영 김일손의 행적과 사육신의 혼을 모신 육신사를 둘러보며 함께한 선배가 내게 말했다. "세상은 정의가 지배하는 것이 아니고 불의와 모순과 기회주의의 요령꾼이 지배하는 것이다. 정의는 겨우 2%정도로 명맥만 유지하고 있다고…."

참다운 사람됨의 순수한 가지가 온갖 불온한 사술에 함몰되어 버리고 세상의 눈치나 보며 적당히 광대 짓을 하면서 심지도 없는 서글픈 조연배우 노릇을 해야 되는 것인가. 누군가 인생은 연극무대라고 하였지. 오가는 사람들의 표정엔 어둡고 지치고 일그러진 그늘이 있는가 하면 삶을 환생시키는 희망의 역동성도 꿈틀대고 있다. 지치고 맥 빠진 내 어깨에 둥근 막대와 낡고 헤진 가제라도 두껍게 감고서 내 존재의 의미를 찾아서 남은 힘을 다해 질주하는 열차에서 과감하게 뛰어 내리자. 그리고 혹여 꿈으로 끝날지라도 다시 왔던 길로 되돌아가서 용기를 내어 우리의 마지막 기회인 9회 말 투아웃의 만루 찬스를 역전의 기회로 살리고 싶다.

보험성 과장예보

– 진실의 환상

우리는 이솝의 '양치기 소년'이란 우화를 알고 있다. 주제는 거짓말에 대한 인과론적 응징을 이야기한다. 이 우화는 원래 스위스의 민담으로 그 특성상 교훈성이 내포되어 있어 지혜의 예화로 많이 활용된다. 얼마 전 기상청의 엉터리 폭설예보가 민심을 어지럽힌 적 있다. 그런데 이런 빗나간 예보를 흔히들 '보험성 과장예보'라고 한단다. 비록 비난을 받을망정 거짓말의 매는 무지의 매보다 덜 아프다는 것이다. 이런 기상청의 배짱은 '양치기 소년'에 비유되어 가십기사로 등장할 만하다.

그런데 거짓말이란 무엇인가. 사실과 다른 것임을 알면서도 타인으로 하여금 사실로 알게끔 말로써 속이는 것이 거짓말이다. 그렇다면 기상예보는 거짓말이 아닌 무지(無知)나 오류(誤謬)의 결과라고 봄이 타당할 것이다. 물론 기상은 복잡계(Complex Dynamical System)에 속한 예측불허의 구조를 안고 있어 정형화가 불가능하지만 기상청 스스로도 앎에 대한 의지부족을 반성해야 할 것이다.

그럼, 여기서 무지에 대하여 살펴보자. 12세기에 천문학자들이 천동설을 주장했는데 이는 오류라기보다는 무지라고 보아야 할 것이다. 즉 무지란 과학적 진리가 아직 구성되지 않은 상태를 말하기 때문이다. 그리고 오류 역시 무지에 의한 것으로 처음에는 진리로 간주된 수정의 교훈을 담고 있는 것이다. 그러나 오류든 무지든 대중의 무기력을 부추겨 지적 안일에 빠지게 만드는 속성은 경계되어야 할 부분이다.

일상에서 우리는 거짓말을 많이 한다. 간혹 '해가 뜬다, 진다'라는 말은 천문학적 진실에 반하는 거짓말이며 특히 감정을 표현함에 있어 많은 거짓말을 하는 것은 공공연한 비밀이다. 그런데 보다 심각한 것은 진실을 왜곡하려는 고의적 의지를 전제하는 거짓말이다. 앞의 양치기 소년의 경우가 이에 해당되며 이는 진실이 거짓말을 막지 못하는 상황이라 할 수 있다. 따라서 내가 거짓말을 하지 않는 것은 도덕적 이유에서지 과학적이거나 논리적인 이유에서가 아니라는 것이다.

우리는 자신을 속인다는 말을 쓸 때가 있다. 이것은 자기에게 거짓말을 할 수 있다는 말이다. 그러나 인간에게는 진실을 알고 있는 양심이 있으므로 자신에게 하는 거짓말은 은폐라고 보는 것이 맞을 것이다. 만약 진실이나 거짓말이 정신분석학에서 말하는 무의식에 내재되어 있다면 인간은 거짓말을 할 수밖에 없거나 자신도 모르는 거짓말을 하는 운명에 놓여있다고 할 수 있다. 그렇다고 해서 반드시 불행한 것은 아니다. 어찌 보면 거짓말을 함으로써 사회적인 삶이 가능할지도 모르기 때문이다. 이처럼 인간이란 참으로 신비한 존재다.

환장할 이야기

– 수학적 공식이 통하지 않는 이치

들은 이야기이다. 호랑이 담배 피우던 시절, 모 선생이 벽지 중학교에 근무하던 때라고 한다. 그 학교에는 체육교사가 3명이나 있었는데 그중 한 사람은 과학을 공동담당하고 있었단다. 말하자면 상치교과 담당이라고 볼 수 있겠다. 그러던 중 제법 이름 있는 대학교에서 과학을 전공한 교사가 오게 되었다고 한다. 그런데 학생들이 시험을 치면 정작 체육교사가 지도한 반보다 과학전공교사가 지도한 반 아이들의 성적이 낮다는 것이다. 그리고 이러한 현상은 그 교사가 시험문제를 출제하더라도 별반 달라지는 것이 없더라는 것이다. 모르면 모를까 과학을 전공한 그 교사는 속으로 환장했을 것이다.

정확한 원인은 밝혀지지 않았지만 그중 하나를 들자면 교사의 분위기가 학생들의 성적에 영향을 주지 않았는가를 추측할 수 있다. 대개

체육교사는 엄한 편이다. 그래서 아이들에게 일정 수준의 성과를 제시했을 터이고(예를 들면 80점 이하는 각오해라. 등등의) 아마 아이들은 그 선생님의 엄포에 맞추려 노력한 결과가 아닌가 한다. 이처럼 예상을 빗나간 이야기는 많은 흥미를 가져다준다. '도무지 알다가도 모를 일' 또는 '귀신이 곡할 일' 등등 말이다. 실험연구에서 많이 발견되는 매개변수의 작용도 이와 유사한 경우라고 하겠다. 수학적 공식이 살짝 비켜나는 이 황당함.

스포츠 경기에서도 이와 유사한 일들이 많이 생긴다. 국가대표 금메달리스트 출신이고 현역시절 타격천재로 타격왕에 수차례 오르고 최고의 명수비수로 유명했던 야구감독이 팀을 이끌 때는 팀의 성적이 너무 나빠져 결국 사퇴하고 무명의 후임 임시감독이 지휘하고부터 팀 성적이 좋아지는 일도 실제로 허다하다. 유명 일류대학에서 학입성적이 좋았다고 사회에서 반드시 성공한다고도 볼 수가 없는 것과 비슷하다.

삶의 구조가 수학의 공식만큼만 분명하다면야 목적의 절반은 이루었다고 볼 수 있겠다. 이미 가야할 길의 안전성은 어느 정도 확보되었기 때문이다. 그런데 인간 삶을 구성하는 여러 현상의 법칙들은 수학적 처리가 불가능할 때가 많다. 그리고 당장 수학적으로 표현할 수 있는 것도 몇 가지 진실들에 불과하고 그것들 또한 과학의 진보에 의거 오류로 판정되어질 때가 많다는 것이다. 그렇다면 세상에서 현실은 안다는 것은 인간의 능력 밖의 일로 보인다. 어떤 현상에 있어 수학적 이해의 가능성은 그 현상들 전체를 보아야만 파악할 수 있으리라. 결국은 신만이 가능할 이 안타까움.

삶에는 '이치(理致)'라는 것이 있다. 공식은 아니지만 공식의 모양을 갖춘 법칙들 말이다. 이 이치의 동조어가 '깨달음'인데 어찌 보면 환장할 이야기는 이 세상에 무수히 존재하고 있음을 인정하는 것이 깨달음이 아닌지. 그리고 화살을 수신(修身)에다 맞춰 겨냥하는 것이 바로 이치의 근본이 아닌지. 그렇다면 위의 과학교사는 자신 속에서 해답을 발견해야 할 것이다. 수치적 환산이 불가능한 삶의 이 오묘함을.

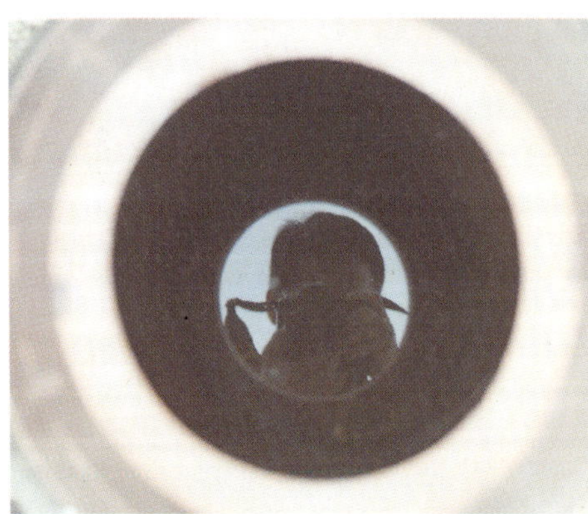

Chapter 3 산

알피니즘(Alpinism)을 태운 영혼

함께했던 꿈들은 그리운 산의 눈보라 속으로 떠나갔다. 생명의 무거움도 잊고 사는 듯한, 오직 산에 대한 마음과 열정 하나로 순수 알피니즘(Alpinism)을 추구했던 산 벗들, 명치가 아파오는 그리움과 미안함이 발자국마다에 그들 이름을 새겨 넣는다. 현희, 준석이, 우택이. 그들은 살아남은 자에게 망각보다 긴 기억을 남겨주고 가슴에 묻혔다.

알피니즘이란 유럽의 알프스산을 중심으로 일어난 근대 산악운동의 이념으로 알프스산군의 밑자락에서 초등시대인 황금시대 철의시대를 거쳐 지구의 최고봉인 히말라야로 펼쳐졌다. 당시 유럽과 영국의 귀족사회에 고결한 품격과 자존감이 산을 통한 자아실현의 한 방식으로 시작된 것이 알피니즘의 이념이고 등산철학이다. 그런 순수한 정신으로 산에 동화된 산악인이라면 이 알피니즘을 자신의 행동철학으로 굳게 지키려 했으며 더 나아가 자신이 순수 알피니즘의 수행자로서의 역할에 최대의 가치를 부여했다고 할 수 있다.

마치 끝없이 펼쳐진 평원을 달려야만 존재를 확인하는 말의 푸른 갈기처럼 더 높은 곳을 향해 늘 펄럭이기를 갈망했다. 또한 이것이 알프스로, 히말라야로 좀 더 다가가고자 하는 힘줄이 되었다.

언젠가 겨울 설악산 적설기 종주훈련에서다. 등반대가 길을 잃고 링반데룽(Ring wanderung)으로 탈진했을 때 마지막 남은 생라면 한 개로 대원 네 명이 생명의 여린 가닥을 함께 움켜잡기도 했지만 서로 격려하며 결코 절망하지 않았다. 또한 공룡능선에서 하이포서미아(Hypothermia) 현상으로 현희의 입술이 새파랗게 넘어 갈 때, 자신들의 겉옷을 벗어 주고서, 뒤에 찾아오는 뼛속까지 아린 추위에도 결코 포기하지 않았다. 이 모두가 다 알피니즘을 같이 배우고 뜻을 같이한 산악인으로서의 헌신적 동지애였고 사랑이기도 했으며 궁극적으로는 넉넉한 산의 품속에 함께 있었기 때문에 가질 수 있는 자존의 희생정신이고 여유였으리라.

그 후 미련하리만큼 우직했던 준석이는 같이 간 대원을 구하려다 히말라야 얄룽캉의 크레바스(Crevasse)에서 영원의 미궁으로 젊디젊은 꿈이 되어 묻혀 갔고, 특유의 유머 감각으로 주변을 항상 밝게 비추었던 뚝심의 클라이머 우택이는 리더의 책임감과 등정의 중압감으로 8,000m의 외로운 고도에서 비박(Bivouac)을 하다 에베레스트 능선을 떠나지 못하는 눈바람이 되었다.

당차고 야무졌던 현희는 여성산악운동의 선두주자로 에베레스트의 등정을 성공하고 돌아와서도 알라인게엔(Alleingehen)으로 다시 등정해 보겠다며 개척과 도전이라는 쉼 없는 욕구을 버리지 못했다. 그러던 어느 날 네팔에서 카라반에 들어간다고 연락을 해 왔다. 히말라야의 만년설에 산 친구를 둘씩이나 묻은 나로서는 가슴이 철렁 내려앉았다. 여자 혼자서 지구의 지붕이라 하는 자이언트(Giants)급 산에 오른다는 것은 너무도 위험한 등반이라는 것을 잘 알기 때문이었다. 하지만 현희는 여성으로서는 보기 드물게 히말라야 등반을 여러 번 경험한 베테랑(Veteran) 산꾼이라는 것과 그녀의 의지와 집념을 누구도 꺾을 수 없다는 사실에 무사 등정을 기원했지만 "내게 산과 형이 있어 참으로 행복해. 이렇게 산을 타다 산에서 죽어도 후회는 없어!"라고 하던 그녀의 마지막 목소리는 수화기를 타고 가늘게 떨려 왔으며, 어디에선가 하늘을 보며 누웠을 모습이 눈물로 안개처럼 뭉게뭉게 피어올라 한참동안 내 삶의 중심을 잃고 멍든 가슴으로 힘들게 살게 하였다.

세상은 편리함을 앞세우는 문명의 이기와 너와 나를 구분 짓는 자기중심주의로 기계문명과 더불어 바쁘게 흘러가고 있다. 요즈음엔 등산이 대중화되어 산에 올라가는 사람이 넘쳐나지만 알피니즘의 정신에 바탕을 둔 순수등반은 찾아보기가 힘들며, 상업적인 영리주의로 차츰 왜곡 변질되어 가고 있다. 또한 산과 자연에 대한 진정한 배려란 찾아보기가 힘들고 오로지 인간 '자신의 편리'만을 위한 행위에 산은 점점 병들어 가고 있다.

우리나라 근대산악운동의 개척기에 헌신적으로 등산운동을 계도하였던 '한솔' 이효상 선생님은 늘 "산악운동은 궁극적으로 정신순화운동이지 단순한 신체활동이 아니다."라는 말을 입버릇처럼 하셨다. 이런 정신적 가치에 바탕을 둔 활동이 동적행위 결과로만 가치가 평가되어지는 현실이 참으로 안타깝고 아쉽다.

개척과 도전의 열정으로 순수인간정신을 추구하는 알피니즘은 한국의 전통적 선비정신과 그 맥을 같이 한다고 볼 수 있다. 우리에게 선비의 고결함이 잊혀진 지 오래듯이 알피니즘도 이 시대의 물질문명의 흐름에 편승하여 절대적 가치를 잃어가고 있다.

순수 알피니즘을 목말라 하며 세상의 언저리에서 열정을 태웠던 그리운 산 벗들, 그들은 이 시대의 진정한 알피니스트로 살다가 갔다. 언제나 그 자리에서 말없이 서있는 산을 보며 열병처럼 혼자서 두근거려 했다. 히말라야의 저 순백의 만년설에서 살아 숨쉬는 푸른 영혼들이여! 속절없이 사라져 가는 한국 알피니즘의 그림자를 잡고, 설움에 겹도록, 설움에 겹도록 그대의 이름을 목메어 부르노라. 현희야! 준석아! 우택아!

낡은 피켈(Pickel)의 추억

그해 겨울은 유난히 추웠다.

그즈음 나는 한참 빙벽등반에 매료되어 있던 때라 주말이면 어김없이 얼음 폭포를 찾아가곤 했다. 천황산의 층층폭, 청빙으로 꽁꽁 얼어 보기에도 멋있었다. 아이스 클라이머들이 즐겨 찾는 빙벽훈련장이다. 캠프를 치고 있노라니 뒤차로 따라온 동료들로 부산해지기 시작하였다.

캠프설치가 끝나기 바쁘게 '해지기 전에 한번 올라야지' 하며 확보장비를 걸치고 등반을 준비했다. 우리 팀의 활력을 위해 늘 솔선하는 컴퓨터란 별명이 붙은 여자대원 J양이 먼저 와서 내 확보를 봐주겠다고 하였다. 그녀의 확보능력은 내가 믿을 만큼 성실하고 숙달되어 있어 나는 흔쾌히 등반을 시작했다. 찬바람은 매섭게 불어대고 있었다. 얼마 전에 올라 본 코스라 별 어려움 없이 오를 수 있을 것으로 생각하고 한발한발 움직여 나갔다.

왼손엔 피켈*이, 오른 손엔 아이스해머가 잡혀있다. 반쯤 올랐을까 갑자기 힘이 쭉 빠지며 다리가 후들거렸다.

"아, 어이 컴퓨터 줄 당겨" 하고 소리쳤다.

"무슨 일이에요 선배."

"어제 밤에 늦게까지 잠을 못 잤더니 힘을 못 쓰겠어."

"그럼, 그만 내려오세요."

"아니 조금만 더 올라가면 되는데, 쉬었다 마저 올라갈게, 미안해."

중도에 내려가는 것이 허용되지 않아 계속 오르기 위해 나는 객기를 부리며 안간힘을 썼다. 힘은 들지만 무난히 오를 것으로 생각하고 거의 막바지까지 올랐을 때다. 왼발 아이젠**에 찍혔던 얼음이 깨어져, 떨어져 나가면서 나는 균형을 잃고 밑으로 떨어졌다.

"앙카!"*** 나는 다급하게 소리쳤다. 왼손에 들었던 피켈이 강한 쇳소리를 내고 튀기며 저 아래 계곡으로 떨어졌다. '죽었구나.' 하는 생각이 스쳐갔다. 몽롱한 순간 정신을 차렸을 때 나는 폭포 중간에 대롱대롱

---

* 피켈(Pickel) : 등산용어로서 빙설벽을 등하강시 사용하는 곡갱이 모양의 등산장비.

** 아이젠(Eisen) : 적설기 등반시 미끄럼을 방지하기 위해 등산화 바닥에 부착하는 쇠 발톱.

***앙카(Anchor) : 암벽이나 빙벽 등반시 등반 파트너에게 안전(확보)을 위해 줄을 당기라는 신호.

매달려 있었다. 확보했던 첫 번째 하켄은 충격으로 빠져 버리고 다행히 두 번째 아이스훅이 추락의 충격에도 견뎌주어 나를 매달고 있었다. 밑에서 확보를 보던 J양은 놀라서 안색이 새파래져 확보 줄에 매듭을 걸고 "앙카" 소리치며 급하게 대원들께 구조 요청을 하였다. 그리곤 퉁명스레 중얼댄다.

"쓸데없는 오기가 사람 잡는다니까, 훈련하다 죽고 싶은지."

추락하며 얼음벽에 부딪치긴 했지만 큰 부상은 없었다.

"내 피켈 어디 있나."

"지금 피켈이 문제예요. 사람 혼을 빼 놓고."

애지중지하던 피켈은 계곡 구석에 나뒹굴고 있었다.

그 피켈은 오랫동안 나를 따라다니며 내 손때가 묻은 것이다. 설악산에서 훈련할 때, 한라산 설능에서 지리산 빙벽에서도 고락을 함께 한 정든 동반자였다. 또 그 피켈은 내가 존경하는 K선배가 쓰다가 내게 산처럼 살라하며 물려준 선물이었다. 은빛을 발하며 산을 상징하고 산꾼들의 우정과 사랑으로 표상되는 피켈은 올곧은 산악정신에 대한 신념과 믿음으로 의미되기도 한다.

후에도 은빛 피켈은 오랜 세월 나를 따라다니며 숱한 어려움과 위험 속에서 함께 하였고 많은 흠집이 생기며 고물이 되었다. 거기 새겨진 흠집들은 갖가지 사연으로 얼룩진 흔적이라 더욱 애착을 갖는다. 층층

폭 추락사고가 있은 후 J양이 내게 새 피켈을 선물했는데 나는 별로 사용하지를 않았다. 왠지 손때 묻은 헌 피켈이 더 만만하고 좋았다. 호의를 모른다고 역정을 내던 그녀도 나중엔 이해해 주었다. 그녀가 나에게 사준 새 피켈도 지금까지 소중이 간직하고 있다.

J양. 그녀는 처음에는 친구가 좋아 함께 산행을 했었는데, 언제부턴가 골수 산꾼이 되어버렸다. 산에 빠져 혼자서 백두대간을, 토왕폭을 오르더니 해외원정등반에 나서 알프스, 히말라야로 내달려 얼굴보기가 어려워졌다.

어느 날, 히말라야 8,000m급에 단독등반을 하겠다며 고집을 부렸다. 적극 만류했지만, 그녀는 카트만두에 도착해서야 연락이 왔다. 지금 카라반*에 나선다고. 지나친 호기로 사람 놀라게 하지 말라고 당부하며 건투를 빌었고 이번 등반으로 해외등반은 끝내라고 부탁하기도 했다. 피켈 소식을 묻기에, 둘 다 잘 간직하고 있으며 장비도 정든 게 좋고 사람도 정든 사람이 좋다 하더라고 했다.

억수 같은 비가 내리는 밤, 전화벨 소리에 잠을 깼다. 다급한 국제전화였다. J양의 사고소식이었다. 단독등반을 하던 중 설능에서 추락으로 보이는 조난사였단다. 눈앞이 캄캄하며 현기증이 일어났다. '정말이냐, 아니 컴퓨터가 그럴 수가.' 한동안 넋을 잃고 허공만 헤매었다.

* 카라반(caravane) : 고산등반시 초입에서 베이스캠프에 도달하기까지의 과정.

이번 등반을 마치면 밝은 사회를 위해 일조를 하겠다고 다짐해 놓고, 바보 같은 컴퓨터. 욕심은 부리지 말라고 했는데…. 그녀는 설산 어디 에선가 눈바람과 함께 고이 잠들어 있다. 이따금 나는 두 개의 피켈을 꺼내보며 하늘나라로 먼저 간 영혼을 그리워한다.

히말라야니즘의 변증법적 흐름

알피니즘(Alpinism)이란 말이 그렇듯이 그것은 본디 유럽의 알프스 산맥 등반의 정신과 사조에서 유래한 말이다. 세계의 어느 지역에서보다 거기서 먼저 근대적 의미의 본격적인 순수등산 활동이 벌어졌기 때문이다. 그러나 그것은 오늘날과 같은 고도로 실험되고 공작되어 조직화한 또 전문화한 장비와 기술과 정보에 의한 것이 아니라, 대개는 개인의 지극히 낭만주의적인 정서적 취향에 의해서 계획되고 또 운행되었다.

그러다가 알프스에 미답봉이 거의 없다시피 섭렵되자, 때마침 자연과학의 발달에 힘입은 기술문명의 영향 아래 어느새 장비와 기술에 먼저 테크놀로지가 도입되어 알프스에 이른바 은의 시대, 벽의 시대를 찬란하게 수놓아 갔다. 그 대표적인 기수가 머메리즘으로 알려진 머메리(A.F.Mummery)였음은 모두가 아는 사실이다.

그러나, 한편 이런 테크놀로지의 합목적적인 규격화, 획일화의 흐름에 체질적으로 거부해온 동유럽의 일군의 정예들은 오히려 동계에 북벽에서 다이렉트로 , 또는 알파인스타일 등으로 일주해 갔다. 사회문화적 측면에서 내다보는 알피니즘의 이 같은 추세는 그 탈출구를 필연적으로 더 큰 무대로 옮겨갔다. 그것이 이른바 변증법적 발전으로써의 히말라야니즘이다.

4,000m급에서 코카서스와 안데스 산맥을 거쳐 일약 8,000m급으로 나선 그들 앞에 막아선 장벽들은 많았지만 그 첫째가 바로 높은 고도에 따른 자연환경의 어려운 조건이었다.

숫자상으로는 8,000m는 4,000m를 오르는 힘의 두 배, 좀 더 되는 힘이면 될 것이라 생각되지만 실제 등산에서는 그 수십 배의 고난과 위험이 따른다.

장기간 등반에 따른 피로도의 연쇄상승에다가 물자지원의 어려움은 두고라도 객관적인 자연조건이 판이하게 다른 것이니 시속 100km가 넘는 강풍에 영하 40도를 헤아리는 혹한, 수시로 머리 위에 뒤덮이는 눈사태와 얼음사태, 발밑에는 입을 벌리는 크레바스, 과다한 자외선에 의한 건조, 그리고 평지의 3분의 1밖에 안 되는 대기의 저산소 상태가 결정적으로 그들을 괴롭히고 탈진시켰다.

히말라야 8,000m급 고산등반에서의 난제는 예측이 어려운 기상의 변화와 고산병, 그리고 고도적응의 문제가 가장 심각한 걸림돌이 되고 있었다. 서구 열강들도 등반의 성공과 인체적응을 위해 과학등반의 기치를 내걸고 실험적인 시도를 여러 차례 실행하고 응용하며 근자에는 무산소 등정을 위해 고소의학과 인체의 적응을 위한 과학적인 연구를 계속하며 적응훈련을 하고 있다. 기상을 제외하면 고산에서의 고도적응의 문제는 바야흐로 모든 히말라야 등반대의 공통된 과제로 되어있다.

최근에는 실제 등정과는 무관한 보도 스태프(staff)진이 정보사회의 새로운 요원으로 원정대에 동참하고 있어 등반대의 규모가 대형화, 공개화, 생중계되어 가는 추세다. 오히려 과거 소규모 조직과 같은 아주 컴팩트한 소수정예주의와 단시간에 속전속결로 감행하는 알파인스타일을 주장하는 전문가의 소리도 등산형식에서 많은 논란이 되고 있다. 거기에는 더 큰 이유로 그들 다수가 이동하며 고소 체재 인원에 대한 식량, 장비, 연료와 많은 비용이 소요되는 경제적인 문제도 안고 있다.

사실 근자에는 노오말(Noohmal) 루트를 경유하는 개척된 코스에는 그리 큰 난점이 남아 있는 것 같지는 않다. 많은 경험을 한 전문 현지인과 가이드들의 도움을 받을 수 있고 많은 정보들을 미리 확보하여 치밀한 계획으로 등반하면 성공률도 높은 편이다. 우리나라 산악인들도 이제 세계적인 등반 능력을 갖추고 있어 서구의 산악 선진국들과 어깨를 겨누고 있다. 히말라야의 8,000m급의 14좌를 완등한 산악인도 엄홍길, 박영석 대장 등 다수 있고, 지금도 계속해서 많은 산악인들이 끊임없이 도전하고 있다. 우리나라의 여성산악인 오은선 대장도 여성으로서는 최초로 14좌 완등에 성공하여 세계 산악계에 주목을 받고 있다. 얼마 전 코리안 루트를 개척하려고 나선 산악인이자 탐험가였던 고 박영석 대장과 두 명의 유능한 젊은 산악인을 등반도중 사고로 한꺼번에 잃게 되어 우리나라 산악계가 참으로 가슴 아픈 안타까움과 슬픔을 안고 있다.

아직도 히말라야에는 인간이 오르지 못한 미등 루트가 많이 남아 있다. 위험하고 힘들지만 인간은 끊임없이 새로운 미답루트를 찾아 누군가는 개척해 나갈 것이다. 현실에 만족하며 안주하는 것이 아니라 늘 새로운 것에 대한 개척과 도전의 정신이 있기에 우리 인간 세계가 부단히 발전해 나가는 것일 것이다. 따라서 물질문명과 과학의 발달로 세상이 아무리 변천하여도 히말라야리즘도 알피니즘과 마찬가지로 그 궤를 같이하고 있고, 더 높은 곳을 향한 열정으로 개척과 도전의 순수한 산악정신은 영원히 변할 수 없을 것이리라.

안나푸르나(Annapurna)의 길(1)

홍콩에서 네팔행 비행기로 갈아탔다. 네팔의 수도 카트만두 공항에 내릴 땐 어둠이 또 하나의 세상을 꿈으로 물들이고 있었다. 동경했던 8,091m의 안나푸르나였지만 늘 일상의 발목에 묶여 마음 언저리에 두고 살다가 이제서야 찾아올 수 있게 되었다. 이번 트레킹은 안나푸르나의 아름다운 카라반 길도 느끼고 싶었지만 또 다른 이유가 있다.

떠날 때는 소식도 없다가 느닷없이 안나푸르나의 등반을 위해 카라반에 나섰다고 타전했던 그녀는 끝내 이 산 품속 어디에 스물 몇 해의 고운 열정을 접었다. 둘도 없는 자일파트너였던 그녀가 남긴 등반일지를 읽으며 마지막 갔던 길을 찾아 나 역시 밟아 보고 싶었고, 이것이 그녀를 위한 마지막 배려일 것만 같았기 때문이다. 네팔에 살고 있는 산꾼 정우씨로부터 최근의 현지 사정을 들으며 밤잠을 설쳤다. 너무도 가까운 곳에 그녀가 있을 것 같은 나의 바람은 살아서 그리는 자의 슬픔으로 시나브로 물결 져 왔다.

이튿날, 아침 일찍 포카라행 버스를 탔다. 여기서는 고속도로라고 하지만 비포장도로나 다름없었다. 낡은 버스는 금방이라도 고장이 나서 멈춰버릴 것 같은 불안 속에서 흔들거리며 잘도 달렸다. 반나절을 넘게 와서야 무글링이란 곳에 도착했다. 점심으로 네팔의 전통 음식인 '달밧'이 나왔지만 느끼한 입맛에 제대로 먹지를 못했다. 포카라를 향해 요동치는 버스는 멈춤 없이 굴러갔다.

차창에 비춰진 이국의 농촌 풍경은 원시의 자연스러움이 그대로 묻어난 '빈곤 속의 풍요'를 느낄 만큼 한가로운 정취로 가슴을 푸근하게 했다. 내일부터 시작되는 본격적인 트레킹에 마음이 앞서 간다. 해질 무렵 포카라에 도착하니 6,993m의 마차푸차레가 보일 듯 말 듯 구름 속에 싸여 있었다. 신비한 위용을 확인하는 순간 가슴 한켠이 싸아하게 저며 왔다. 그녀는 내게 편지를 쓸 때마다 늘 마차푸차레의 적요한 아름다움을 예찬했었다.

트레킹 3일째, 오늘부터는 하루 종일 걸어야 하는데 새벽부터 추적추적 비가 내린다. 트레킹의 기점인 너야풀에서 무거운 배낭을 비닐로 감싸고 장비와 식량 등을 최종 점검하니 각오가 새로워졌다. 네팔 특유의 농가들이 계단식 논밭과 어우러져 한 폭의 그림이 되었고, 먼 산기슭에는 설악의 대승폭포와 같은 큰 폭포들이 여기저기 은빛 물줄기를 토하며 무지개를 드리우고 있었다. 금방 나타났다 사라지는 안개를 헤치며 능선을 향해 오르니, 마치 신선이 되어 천상을 거니는 기분이었다. 이곳은 마차푸차레와 이어지는 능선으로 한참을 오르니 허름한 롯지와 작은 마을이 나타났다.

마을 주변을 둘러보니 타임머신을 탄 듯 착각이 들었다. 농가의 대문이 우리나라 제주도의 빗장문과 흡사했으며, 아이들이 날리고 있는 가오리연이나 공기놀이, 땅따먹기, 자치기가 우리 놀이와 너무도 비슷했기 때문이다. 천진스럽게 노는 모습을 지켜보며 잠시 유년의 향수에 젖어 보았다. 이곳에 사는 고산족은 구룽족과 마갈족이라고 하는데 이들의 삶을 가만히 들여다보니 우리 삶의 모양새와 닮아 있어 문화는 달라도 생활양식은 어느 곳이나 별 차이가 없다는 것을 느끼게 했다.

산 빛처럼 눈이 맑은 아이들이 처음 보는 길손에게 '나마스테(안녕하세요)'를 연발하며 모여들었다. 준비해 간 사탕을 나누어주니 고맙다는 인사를 하고는 또래들을 더 데려와서 주라고 하였다. 결코 밉지 않은 순박한 모습이었다. 6·25전쟁 때, 우리 아이들이 미군을 따라가며 사탕을 얻어먹던 시절이 생각났다. 그 당시의 미군들 눈에 우리가 어떻게 비춰졌을까.

네팔의 농가는 아직도 토담집이 대부분이고 집안에서 장작불로 취사와 난방을 겸하고 있었다. 보기에는 궁핍하고 불편한 생활로 여겨졌지만 그들의 표정엔 어두운 그늘을 찾아 볼 수가 없다. 안쓰럽게 바라보는 이방인이 도리어 무색하리만치 그들은 평안해 보였다. 인간의 순수한 본성과 무소유의 행복이 '향을 싼 종이'처럼 가슴으로 전이되어 왔다. 삶의 즐거움과 행복이 반드시 물질의 풍요에서 오는 것만이 아니라는 것을 새삼 느껴 보았다.

세태의 뒤안길로만 밀리는 순수 알피니즘의 실현을 위해 고뇌했던 그녀, 진정한 산악인이 되고자 노력했던 그녀, 세상의 바보가 될지라도 마음을 비우고 살고 싶다던 그녀, 이 모든 꿈을 뒤로한 채 외롭게 이 길을 지나갔던 그녀는, 지금도 안나푸르나 어디에선가 영원한 산꾼으로 살아 있을 것이다. 비는 더욱 세차게 내린다. 오늘은 울레리까지 먼 길을 가야 한다. 다시 걸음을 재촉했다.

안나푸르나(Annapurna)의 길(2)

온종일 비를 맞으며 걸었다. 어둠이 시야 가장자리로 잦아들 때쯤 지친 몸으로 울레리 산장에 발을 들였다. 산장이라 하지만 전기도 우물도 없는 초라한 곳이었다. 촛불 속에 소박한 식사가 나왔다. 산장주인인 젊은 부부는 어린 남매를 키우며 살고 있었는데, 살림이 별반 넉넉하지 않아도 행복해 보였다. 그들 부부는 비가 오는 밤중인데도 밭에 나가 과일을 따오고 따끈한 차도 끓여주었다. 이방인의 낯설음을 풀어주려고 애쓰는 모습이 너무도 따스했다.

내일은 고레파니를 거쳐 푼힐 전망대까지 올라가야 한다. 고산증세가 올 수도 있으니 미리 수분을 많이 섭취해 두어야 했다. 깊어 가는 습한 밤이 추위를 부추기자 까닭 없는 서글픔이 피곤에 젖은 침낭 속을 헤집고 들어왔다. 너와지붕을 두드리는 빗소리의 반복음은 망각의 바닥에 설 앉은 J의 잔상을 기억의 수면 위로 떠올렸다. 그녀는 여기 안나*에서 스물 몇 해의 고운 열정을 묻기까지 자신을 향한 살아남은 자의 슬픔을 한 번이라도 생각해 봤을까.

주변의 조용함이 아침을 깨웠다. 창문을 가득 메운 햇살에 혹시나 하며 바삐 몸을 일으켰다. 아니나 다를까, 어제까지만 해도 가스** 때문에 보이지 않던 안나푸르나의 남봉이 짙푸른 하늘을 이고 공중에 떠 있는 것이다. 나를 밀어낼 것만 같은 위용은 순간, 숨을 멎게 했으며 드디어 히말라야의 중심에 서 있음을 확인시켜 주었다. 눈 아래 끝 간 데 없는 천상의 구름바다가 발을 허공에 담근 듯 착각을 불러일으켰고 그 위에 솟은 안나와 히운출리, 강가푸로나, 마차푸차레 등 만년설의 파노라마가 아침 햇살에 더욱더 순백을 자랑했다. 두 눈 속에만 담는 것이 너무도 아까워 카메라 셔터 위의 검지를 쉴 새 없이 움직였다.

몇 해 전 한여름 휴가를 맞아 내설악 종주산행을 할 때였다. 새벽부터 우리는 경사가 심한 공룡능선을 숨 가쁘게 오르내렸다. 특히 여름철의 공룡능선은 참으로 지루한 코스였다. 그리고 유달리 물이 귀해 다음 막영지까지는 물을 아낄 수밖에 없었고, 흐르는 땀만큼 목이 타들었다. 계획대로 빡빡하게 움직이는 산행이었으므로 다소의 긴장에 말수도 차츰

*안나 : 산악인들끼리 부르는 안나푸르나(히말라야 산맥의 8,000m급 14좌중 하나) 산의 애칭

**가스 : 산악용어로 산안개를 일컬음

줄어들었다. 서로 목이 마르다는 의사는 눈으로만 읽을 뿐 표현을 삼갔는데, 마침 앞서가던 그녀가 바위 틈새의 가는 물줄기를 발견하고 탄성을 울렸다. 모두 달려들어 마시기를 주저하지 않았는데 순간 그녀는 '선배 먼저!'를 외쳤다. 그리곤 재빨리 컵을 꺼내 물을 받아 저만치 있는 나에게 주는 것이 아닌가. 산악회 후배인 그녀가 산악 조직론을 거론하는 것이 일순 대견하기도 했으며 '떡잎부터 안다'는 산쟁이로서의 자질을 엿볼 수 있어 흐뭇했다.

평소에도 그녀는 히말라야 14좌중 안나푸르나가 제일 좋다며 언젠가는 여성등반대를 꾸려 안나 원정등반을 이루고 싶다는 당찬 포부를 얘기하기도 했다. 그 후로 그녀는 내적 기량을 다듬는 것에서부터 모든 일에 적극적이었고 솔선수범 했다. 그런 그녀를 옆에서 지켜보며 꼭 꿈을 펼칠 수 있기를 내심 빌어주었다. 그런데 나름의 의지가 굳은 산꾼들은 대개가 자신의 행동철학이 분명한 만큼 개성이 강해 단독등반을 좋아한다. 그녀도 여러 가지 척박한 산악계 환경 속에서 순수여성대의 원정등반 실현에 노력을 기울이다 여의치 않자 결국은 혼자 말도 없이 안나로 떠났던 것이다.

해질 무렵에야 고레파니를 거쳐 푼힐에 올랐다. 네팔의 3대 전망대 중 하나인 이곳에서는 14좌 중의 하나인 다울라기리와 투쿠체, 닐기리, 마차푸차레, 안나푸르나라운드 등 빼어난 산들이 지구의 경계를 날카롭게 가늠하고 있었다. 변하지 않는 만년설은 시시각각 변하는 사회상을 비웃기라도 하듯 장엄하게 펼쳐져 있다.

지친 하루의 일과가 끝나자 푼힐의 노을은 사위어 가는 한 인간의 절절한 꿈을 조용히 거두어 간다.

어둠이 피곤한 몸에 실려 부재(不在)의 아픔으로 번져왔다.

다테야마(立山)와 스루기다케(劍岳)

위도에 따라 차이는 있으나 3,000m 이상의 산에는 대체로 만년설이 있으며 고소증이 생기기 시작해 등반에 어려움이 따른다. 그래서 소위 3,000m이상의 산을 등반하며 활동하는 산악인을 '알피니스트'라 칭하며 순수 산악인으로 여긴다. 우리나라에는 3,000m이상 되는 산이 없기에 우리나라의 산악인들은 항상 고산에 대한 갈증과 동경이 있다. 나 역시 산에 깊이 빠져들면서 고산에 대한 갈증과 동경으로 허덕였다. 그래서 이 갈증을 조금이나마 해소하고자 이번 휴가를 이용해 일본의 명산 다테야마(立山 3,015m)와 스루기다케(劍岳 2,998m)를 찾았다. 다테야마는 후지산, 백산과 함께 일본 등산의 메카로 유명하다. 두 산은 3,000m 전후의 높이를 유지하며 서로 이어져 있고, 그 종주는 호쾌하고 아름다워 일본 산악인뿐 아니라 우리나라의 산악인도 여건이 되면

한 번쯤 등반해보고 싶어 하는 산들이다.

나를 태운 비행기는 활주로를 박차고 은빛 날개를 번쩍이며 힘차게 솟아올랐다. 비행기가 서울의 잿빛 구름을 뚫고 솟아오르니 창밖 멀리 푸른 하늘은 흰 구름바다와 서로 어우러져 그 경계가 불분명하였다. 무언가 추구하는 삶의 길에서 들려오는 내적 소리의 의미는 그것을 실현하려는 행동 후에야 비로소 더 명확해지는 법이다. 나는 불완전하지만 그 내적 소리에 따라 이렇게 비행기에 몸을 실은 것이다. 비행기는 두 시간이 못 되는 짧은 비행으로 훌쩍 국경을 넘어 일본의 도야마 공항에 도착했다. 버스를 타고 도야마시 외곽을 지나며 내가 오를 산이 속해 있는 중부산악국립공원으로 가면서 느낀 일본에 대한 인상은 단정하고 깨끗하다는 것이다.

물론 소도시 주변의 전원풍경이라 혼잡하지 않고 조용함이 당연하겠지만 붐비지 않는 도로와 반듯한 농지, 깨끗한 농가의 모습 속에 칼의 나라 일본의 절도와 절제가 스며있는 것 같았다. 이곳 도야마의 중부산악국립공원은 겨울의 편서풍이 일본의 북 알프스 산맥을 넘어가지 못하고 눈을 쏟아 부어 겨울에서 봄까지는 스키어들의 천국이라고 한다. 나는 공원 산막에서 일박을 하고 다음날 일찍 등산열차를 타고 미녀평으로 향했다. 미녀평에서 다시 공원 내 운행버스로 갈아타고 드디어 다테야마 산행의 초입지인 무로도에 도착했다. 등산로 입구인 버스터

미널 옥상으로 나가니 다테야마의 능선이 남북으로 길게 뻗어 있어 한 눈에 다 담지 못할 정도로 장쾌하다.

고산이라 키 큰 수목이 없어 벌거벗은 듯 선명히 드러나는 산은 거센 바람과 낮은 온도에도 생존키 위해 낮게 엎드려 기다시피 자라는 녹색의 하이마쯔(소나무과)와 계곡을 가득 메운 백색의 만년설이 거친 검은 돌과 조화를 이루며 이색적인 아름다움을 창출하고 있었다. 나는 이 낯선 고산 풍경을 기갈 들린 듯 게걸스럽게 망막과 사진기에 담았다. 드디어 엷게 뿌리는 비를 맞으며 잘 다듬어진 등산로로 주능선 위의 이치노코시 산장으로 출발하였다. 한 시간가량 설사면을 오르니 능선 안부에 위치한 이치노코시 산장이 나왔다.

여기서 왼편의 가파른 암릉을 다시 한 시간여 올라가니 오늘의 첫 봉우리인 오야마(雄山)였다. 산 정상에는 큰 신사(神社)가 있어 우리나라 갓바위처럼 자신의 안녕과 행복을 비는 많은 일본인들로 북적거렸다. 다시 너덜지대를 지나 완만한 능선을 오르내려 오난지야마(大汝山)에 도착했다. 이곳이 다테야마 종주의 최고봉이다. 그러나 돌로 이루어진 정상은 단지 立山이라는 조그만 팻말 외에는 특별한 것이 없어 오히려 초라해 보였다. 기념사진을 찍고 계속 북쪽으로 능선을 타니 과거 후지산을 바라보며 제사 지냈다는 후지노오리다테라는 봉우리가 나왔다.

다시 급경사를 내려가 마사코다케 능선을 지나면서 이 지방의 상징물인 '라이조'라는 새를 만났다. 이 '라이조'는 눈이 내리기 시작하면 깃털이 흰색으로 변하고 눈이 녹기 시작하는 6월부터는 잿빛으로 변하는 이 지방 행운의 새라고 한다. 한 마리의 어미 새와 세 마리의 새끼 새가 나란히 만년설 위로 걸어가는 모습이 앙증스럽다. 일본인은 이 새를 만난 것이 행운이라며 연신 즐거워하며 카메라를 조심스럽게 갖다 댄다. 다테야마 능선 종주는 우리나라 설악의 공룡능선에 비하여 급경사의 오르내림이 적어서 산행에는 큰 어려움이 없었다.

그러나 오늘의 마지막 봉우린 벳산(別山)을 오르는 데는 한참동안 급경사를 올라야 했다. 이윽고 벳산에 오르니 여태 우리 주위를 맴돌던 운해가 나의 무명의 눈을 밝히듯 벗겨지면서 멀리 스루기다케가 한눈에 들어왔다. 검은 암벽과 날카로운 침봉들로 이루어진 스루키다케는 일본산의 자존심을 내세우는 듯 내 앞에 다가섰다. 검은 독수리가 날개를 접고 내일의 비상을 위해 휴식하며 앉아 있는 모습으로 당당히 솟아 있었다. 깊은 골짜기를 메우며 흘러내리는 만년설의 눈부심은 이 산의 완성도를 한층 더 높였다. 그의 아름다움에 넋을 잃고 앉아 있으니 다시 한 줄기 바람이 일어 구름으로 그 모습을 일시에 감춰버린다. 나의 탐욕스런 시선으로부터 자신을 감춰버리기 위해 구름을 불러 모은 듯 그렇게 사라져 버렸다.

한참을 앉아 다시 대면하기를 갈망하였으나 산은 더 이상 기회를 주지 않았다. 할 수 없이 배낭을 메고 스루기고젠고야 산장에서 다시 사면을 타고 오늘 내가 묵을 검산장으로 내려갔다. 사면을 따라 흘러내리는 만년설을 밟으며 한편 다른 사면에 핀 이름 모를 야생화의 소박한 아름다움을 즐기며 허적허적 내려갔다. 이곳은 사계절이 같은 시간상에 공존하는 것 같았다. 봄에 피는 야생화의 생기발랄함, 쉼 없이 생겼다가 사라지는 여름의 운해, 아침, 저녁 옷깃을 여미게 하는 가을의 서늘한 공기, 골짜기를 가득 메운 겨울의 만년설이 계절의 경계를 초월해 같은 시간상에 어우러져 함께 있었다.

드디어 오늘 하루 8시간의 긴 산행을 마치고 검산장에 도착하니 피로가 밀물처럼 밀려왔다. 일본은 산장을 이용한 등산 문화가 잘 발달되어 있었다. 산장이 우리나라처럼 밤이슬에 몸이나 좀 피할 수 있는 단순한 건물이 아니라 숙박과 식사뿐 아니라 목욕시설과 읽을 책과 등산 정보까지 제공하는 하나의 문화공간이었다. 나는 저녁 식사를 하고 원두커피를 한 잔 마시며 산장에 배치된 책들을 뒤적거렸다. 일본어로 씌어 있는 책들이라 사진만 보는 것으로 만족해야 했지만 커피와 책이 있는 이런 산장 분위기가 너무 마음에 들었다. 언젠가 늙어 기력이 쇠잔하여 더 이상 산을 오를 수 없더라도 이런 산장에 앉아 내가 올랐던 높은 산을 바라보며 즐기는 산장 속의 등산가로 남고 싶다는 생각을 했다.

염색하지 않은 흰머리에 낡은 등산모를 쓰고, 빛바랜 남방에 붉은 스카프를 두르고 양지바른 원목 테이블에 앉아 책을 읽는다. 내가 쓴 보잘 것 없는 산행기지만 그 한 자 한 자에 나의 땀과 발자국이 배어 있어, 눈으로 읽어 내려가는 글자가 살아 움직이며 마치 내가 현재 다시 등산을 하고 있는 듯한 착각에 빠져든다. 때로는 고개를 들어 아무런 욕망도 두려움도 없는 눈망울로 먼 봉우리를 응시하며 내가 산이고 산이 나인 듯한 충만의 합일로 빠져든다. 이런 산장 속의 등산가가 나의 미래의 모습이고 싶었다.

산장은 저녁 9시에는 자동으로 소등이 되고 새벽 5시에 다시 불이 들어온다. 그만큼 산장은 다음날 산행을 위한 휴식처이지 놀이 공간이 아니었다. 평소보다 이른 잠자리에 말똥말똥한 의식으로 내일 스루기다케 등반의 즐거움을 미리 상상하다 결국 피로에 못 이겨 스르르 잠이 들었다. 새벽녘 요란한 빗소리에 잠이 깼다. 어제 내내 오락가락하던 비가 새벽녘에는 본격적으로 퍼부었다. 등반이야 빗속에서도 할 수 있지만 조망이 없는 등반은 지루할 수밖에 없기에 조금은 우울하였다. 일찍 일어나 식사를 하고 등반 준비를 한 후 비가 좀 수그러지기를 기다렸다. 다행히 아침 7시경이 되어서는 빗줄기가 가늘어지고 일기 예보도 차차 갤 것이라고 하기에 조심스레 산행을 시작했다.

스루기다케는 이름 그대로 칼날과 같은 날카로운 봉우리가 급경사를 이루어 처음부터 숨이 턱에 차다. 가쁜 숨을 긴 호흡으로 조절하며 가능한 천천히 오르려 애를 썼다. 어린 아이가 사탕을 서서히 녹여 먹으며 그 단맛을 오래 즐기듯 아주 천천히 아껴가며 산을 올랐다. 어느덧 앞 봉우리에 올라서니 비가 멈추고 구름이 걷히면서 어제 벳산에서 사라졌던 스루기다케의 주봉이 다시 내 앞에 나타났다. 검게 쭉 빠진 주봉은 앞뒤 좌우로 날카로운 부봉들을 거느리고 당당하게 서 있었다. 높은 봉우리와 반대로 깊은 계곡은 만년설의 설벽으로 채워져 있어 흑백의 아름다움과 단정함이 돋보였다.

날카로운 암봉들 사이로 사라질 듯 다시 이어지는 등산로를 따라 아슬아슬하게 올라갔다. 위험하고 잡을 곳이 없는 절벽에는 쇠줄과 사다리로 길을 뚫어 놓았다. 오를수록 넓어지는 풍경은 운해들의 난무로 사라졌다 다시 나타나는 것이 잠시도 같은 모습을 볼 수 없어 마치 살아 있는 것 같았다. 끊임없이 움직이는 운해를 바라보면서 문득 이런 생각이 들었다. 운해를 기체라 하면 옷깃에 스며들며 젖어 오는 것이 액체와 같고 액체라 하면 변화무쌍하게 그 모습을 스스로 바꾸는 것이 기체를 닮았다. 기체든 액체든 그것은 하나의 겉으로는 너무나 다르게 보이지만 다 탄소, 수소, 질소 등의 원소의 집합체의 다른 모습일 뿐 본질은 같지 않을까 하는 생각을 해본다.

어느 날 내가 옷을 갈아입듯 육신의 껍질을 벗어 놓으면 이 몸 또한 산의 일부로 되돌아 갈 뿐 더도 덜도 아닌 것이 육신이다는 생각을 하니 훨씬 자유롭다. 스루기다케를 오르며 운해와 산이 어우러지는 것을 보고 배운 또 하나의 깨달음이었다. 이렇게 3시간여 오르니 드디어 정상이었다. 어제 올랐던 다테야마의 정상보다는 조금 낮지만 3,000m가까운 높이와 날카로운 암봉의 험한 산세를 돌파하고 올랐다는 성취감은 어제보다 오히려 더 컸다. 등정의 기쁨을 사진에 담고 평편한 돌위에 앉아 조망을 즐겼다.

멀리 보이는 북알프스 연봉은 운해 바다위에 떠있는 점점이 섬으로 이어졌다. 이제 3,000m의 의미는 나에게 그 높이만큼이나 새롭게 다가왔다. 만년설과 고소증세로 알피니즘의 시작선인 3,000m의 오름은 나의 등산에서 더 높은 산세계로 나아갈 수 있는 에너지이자 발판이 될 것이다. 높이 나는 새가 멀리 보듯 높이 오르는 자가 더 많은 깨달음을 얻을 것이다. 산은 높이에 따른 새로운 환경과 어려움으로 나에게 또 다른 생의 의미들을 일깨워 줄 것으로 믿는다.

요세미티(Yosemite) 천국

로스앤젤레스 행 비행기에는 등산복 차림의 일행 여럿이 상기된 얼굴을 하고 있었다. 모두는 오래 전부터 동경해 오던 미국의 국립공원 요세미티에 가게 되어 어린 시절 소풍가기 전날 밤처럼 설레는 가슴과 들뜬 마음을 억제할 수가 없었다. 12시간의 긴 비행이 지루했지만 꿈에도 그리던 암벽등반의 메카라 불리는 요세미티를 향하는 기대감에 피곤도 잊은 채 비행기 안에서 줄곧 그곳의 자료를 뒤적이며 앞으로의 계획을 몇 번씩 검토하였다

오래 전 내가 대한산악연맹의 일을 하고 있을 때 미국의 산악협회에서 제작한 요세미티파 클라이머들이 하는 고난도 5.13급 암벽등반의 영화를 보여준 일이 있다. 요세미티파의 세계적인 암벽등반가들이 펼치는 고난도 암벽등반 과정은 손에 땀을 쥐게 하였다. 그들이 펼치는

곡예등반 과정을 화면으로 지켜보는 향토 산악인들은 인간의 한계가 어디까지인지, 흥분과 감동을 감추지 못했다.

그런 일이 있고부터 암벽등반의 세계적 메카요 천국이라는 요세미티를 꼭 한 번 가보고 싶었다.

요세미티는 샌프란시스코에서 동쪽으로 약 240km 떨어진 시에라네바다 산맥의 서쪽 산허리에 자리 잡고 있다. 1890년 국립공원으로 지정된 이래, 그 아름답고 웅장한 자연의 모습으로 연간 100만 명의 관광객을 불러들인다고 한다. 과연 미국에서 가장 이름 있는 국립공원임에 틀림없다. 요세미티의 장엄한 풍경은 유명한 엔슬에덤스의 사진 예술에 의해 이미 많은 사람들에게 널리 알려져 있다.

요세미티의 계곡은 세계에서 가장 깊고 맑은 마세드강 바닥으로부터 공포와 전율을 느끼게 하는 절벽군들이 넓은 골짜기를 사이에 두고 하늘 높이 치솟아 있다. 그 절벽 중에서 높이 솟은 엘케피탄은 지구상에서 최고 난이도의 등반 기술이 요구되는 큰 화강암 덩어리로 되어있다. 요세미티의 거대하고 아름다운 숲을 보기 위해서는 골짜기를 벗어나야 하는데 그 관문이 바로 하프돔이다. 남서부에 있는 머세드강의 상류이며 빙식으로 생긴 거대한 엘캐피탄·하프돔 등의 절벽과 브라이덜베일·요세미티·네바다 등의 폭포는 사람들이 가장 많이 찾는 곳이다.

바로 밑에서 쳐다보면 높은 암벽군에 가려 하늘이 보이지 않는 천인

단애, 수직으로 깎아지른 직벽은 눈의 감각을 잠시 마비시켜 놓는다. 금방 용이 승천하여 하늘로 오르는 듯한 큰 폭포들은 오색 창연한 무지개를 만들어낸다. 신은 이곳에다 그의 솜씨를 마음껏 부려놓고 그 조화를 즐기고 있는 것 같았다.

나는 경이로운 암벽등반의 모습을 신비롭게 바라본다. 자연에 대한 도전인가, 아니면 자연과의 동화를 호소하는 몸짓인가. 얼마나 많은 등산가들이 이곳에서 인간의 한계를 새삼 느끼며, 자신의 왜소함을 안타까워하고 자연을 경외했겠는가. 암벽을 타는 이들이 겸손한 모습으로 비췄을 때는 안도되지만, 오만과 탐욕이 엿보였을 때는 불안하고 가련하게 보인다. 무언으로 가르쳐 주는 자연의 섭리, 나는 이국 만리에서 이것을 배워가야 한다. 내가 수없이 도전해 본 암벽등반, 거기서 살아남아 여기까지 올 수 있었던 것을 이 절벽 앞에서 감사하며 기도한다.

공원 안에서 평화스럽게 뛰노는 갖가지 동물들을 보면서 미국인들은 이곳을 지배하고 있는 것이 아니라 가꾸고 있다는 생각이 들었다. 문명과 야생이 공존하며 함께 살아가는 곳. 그들은 이곳을 인간의 초기 원시적 고향으로 만들려 했던 것 같다. 그래서 이 장대한 바위덩이 속에서 인간의 체취를 맡을 수 있고, 낯선 사람들과 스스럼없이 이야기하는 평화와 안락함을 같이하며 즐길 수 있지 않는가.

귀국하며 돌아오는 길에도 마음은 좀체 요세미티를 떠나려 하지 않는다. 눈앞에 아른거리는 그 아름답고 오묘한, 신비로운 요세미티 천국의 환상에 영혼을 빼앗기고 겉만 휘정휘정 황혼에 밀려나오고 있는 것 같았다.

아, 언젠가 꼭 다시 찾고 싶은 아름다운 꿈속의 요세미티 천국이여!

카라반(Caravane) 길의 앙팀바

오늘은 정글지대를 지나가야 한다. 거머리가 많아서 신발과 양말에 담뱃가루를 묻히고 마음도 다잡아 출발했다. 내 짐을 들어주며 같이 가는 고소포터 앙팀바는 카트만두에서 처음 만났는데 첫인상은 별로 좋지 않았다. 솔직히 말하면 영 믿음이 가지 않았다. 뼈만 앙상한 마른 체격이 허약해 보였고 바람만 불어도 휘청거릴 것만 같은 약한 다리가 부실하게 보이고, 얼굴은 까무잡잡하고 무뚝뚝했다.

포터의 역할이란 것이 무거운 등짐을 지고 험한 산길을 하루에 16Km 가까이 걸어가야 하는 힘든 일이다. 해발 5,000m가 넘는 산길을 오르내려야 하고, 절벽 중턱의 좁고 위험한 길도 갈 수 있어야 한다. 협곡의 폭포 길도 건너야 하고 매섭고 차가운 눈보라도 견디며 지나가야 하는 힘든 일이다. 그리고 성실한 태도로 등반을 도와야 하는데 처음 본 앙팀바는 영 믿음이 가지 않았다. 혹시 가다가 며칠 만에 쓰러지는 건 아닐까. 아니면 도저히 더 이상 못 가겠다고 포기할지도 몰라. 그럼 저 짐은 어떻게 하나. 나의 불신은 이어졌다. 소개해준 네팔에 사는 친구의 체면 때문에 싫은 내색을 하지 못하고 내 등반 계획을 설명했지만 별로 탐탁치가 않았다. "좋은 인연입니다." 하며 의례적인 인사를 건네면서도 불안한 마음은 지울 수가 없었다.

오늘 가는 간두룽의 정글 코스에는 담뱃가루가 필요할 거라며 시키지도 않았는데 담뱃가루를 구해와 챙겨 넣었다. 막상 카라반을 시작하면서부터 나의 불안이 차츰 누그러져 갔다. 앙팀바에게 맡겨진 짐은 식량과 간식거리, 겨울 옷가지, 취사도구와 등반장비 책 등을 넣은 커다란 짐이다. 폭우로 인한 산사태로 길이 다 쓸려나가서 길도 아닌 자갈밭이나 흙탕길을 걸어야 했고, 잘못 발을 디뎠다가는 천 길 낭떠러지로 떨어질 것 같아 절벽 길을 통과할 땐 산 쪽으로 몸을 바짝 붙여 숨을 죽여야 했다. 천인단애 계곡을 이어놓은 줄사다리를 아슬아슬하게 통과하며 간을 졸였다. 정글 길의 거머리는 예상대로 수도 없이 몸에 달라붙어 양말과 옷 속을 파고들었다. 걸으면서도 거머리를 떼어 내기에 정신이 없었다.

걱정했던 앙팀바의 가는 다리는 나와의 일정한 간격을 꾸준히 유지하며 따라왔고 간혹 휘파람까지 불어가며 농담을 걸기도 했다. 오후가 되면 지치리라 생각했던 것과는 달리 피곤한 내색 한 번 않고 바싹 내 뒤를 따라 붙었다. 잠시 휴식을 할 때도 짐을 진 채 멈춰 섰다가 이내 걷곤 하였다. 허약해 보이던 앙팀바가 갑자기 장사가 되어 있는 듯 보였다. 며칠이 지나면서 오히려 내가 먼저 지쳐서 쉬어가자고 했다. 험한 언덕길에도 앙팀바는 숨소리 한 번 안 내고 사뿐사뿐 잘도 올라갔다.

내 불신의 기우와 불안은 눈 녹듯이 사그라졌다. 마치 상전을 모시는 하인처럼 온갖 궂은일과 잔심부름도 마다하지 않았다. 항상 내 식사를 먼저 챙겨주고 설거지도 해주려고 한다. 잠자리도 살펴주고 세숫물까지 데워다주니 오히려 거북하기까지 했다.

앙팀바가 하루 종일 고된 일을 하고 받는 대가는 일당 7000원 정도다. 거기다 숙식비를 빼고 나면 도대체 얼마나 남을지. 그나마 일거리가 있는 날은 일 년에 절반 정도라니 그의 살림살이는 도무지 셈이 안 된다. 집에는 아내와 두 아이가 있다고 한다. 그런데도 그는 궁색한 표정을 하는 걸 못 보았다. 하루를 마치고 차 한 잔 나누며 난롯가에 앉은 그의 표정은 언제나 느긋하고 행복한 모습이었다.

내가 입던 셔츠와 바지 한 벌을 주었더니, 고맙다고 몇 번이나 절을 한다. 아무데나 벌렁 누워 콧노래를 흥얼거리는 앙팀바를 보며 제법 큰돈을 주고 사 입은 등산복이 아까워서 앉을 때마다 자리를 고르는 내 꼴이 우습다는 생각이 들었다. 카라반을 시작할 때는 내가 훨씬 부자처럼 보였는데, 지금은 그가 훨씬 여유롭게 보인다.

그들은 불편한 원시적 생활에도 아무 불만이 없었다. 그저 자연과 함께 어우러져 사는 소박하고 인간적인 자연과의 동화에 만족하며 행복해 한다. 도시 문명인들이 우월감에 젖은 묘한 오만과 착각의 어리석음을 깨달으며, 인생의 진정한 가치와 행복이 무엇인지를 생각하게 한다. 영화 '부시맨'으로 큰 돈을 번 자연인 부시맨이 결국 도시와 부를 버리고 고향으로 돌아간 이유를 이해할 것 같았다.

알라인게엔(Alleingehen)

가을비가 스산하게 내리는 이른 아침, 난 낡은 배낭을 등에 메고 집을 나선다. 여느 사람들은 혼자 산행에 나서는 나를 이상한 듯 생뚱맞게 바라본다. 무슨 재미로 심심하고 따분하게, 그리고 위험상황에 처할 때 혼자서 어떻게 하려고, 이런 노파심과 우려로 궂은 날에 배낭을 메고 혼자 산행 길에 나서는 내 모습을 걱정스런 눈으로 바라보는 것이다.

요즈음은 산에서 맹수야 쉽게 만날 리 없지만 새로운 개척 길을 간답시고 길도 없는 숲속이나 능선을 뚫고 나가다가 앞도 뒤도 없이 깎아지른 바위 벼랑을 만난다. 혼자 돌파하려고 용기를 갖고 오르다가 그 중간쯤에서 혼자서는 어떻게 해볼 수 없는 곤란한 상황에 이르렀을 때, 뒤로 돌아가기는 더 어렵다는 것을 알았을 때 덜컥 겁이 날 때도 있다.

그제서야 혼자 산행에 나선 것을 후회하고 아슬아슬한 고비를 몇 번씩 겪고, 또 생과 사를 오고가는 위험도 여러 차례 당했지만, 그래도 혼자 아무것에도 구애됨이 없이 자유롭게 훌훌 다니는 재미가 솔솔하고 또 매력도 있다.

어떤 때는 며칠간 백두대간 깊은 산속을 헤매다 간첩으로 오인되어 무장경관에게 조사를 받고 산골마을 사람들께 이상한 사람으로 오해받는 일도 몇 차례 있었다.

그렇지만 우리나라 산 정도라면, 산은 역시 혼자 가는 것이 제 맛이다. 등산의 여러 가지 방식에서 집단등산에 대비되는 말로 홀로 산행하는 방식을 알라인게엔(Alleingehen)이라 하는데 초심자에게는 권하지 않는다. 단독등산은 일정한 등산교육과 훈련을 받은 사람이 안전등산을 전제로 해야 하는 방식이다. 그러나 조용히 자연의 적요에 젖어 많은 사색을 즐길 수 있는 장점이 있어 오래된 등산가들이 즐겨하는 산행 방식이다.

차도(茶道)에 혼자 즐김은 신(神)이요 둘이 마심은 수(殊)요 또 셋이면 승(勝)이라 하였던가. 그런 경지를 감히 끌어 올 엄두야 내지 않지만 부처님이 탁발을 떠나는 중들에게 "여럿이 함께하여 길을 가지 마라." 고 한 말씀은 의미 있게 가슴에 남는다. 되도록 널리 흩어져 부처님의 가르침을 골고루 퍼뜨리라고 하신 것은 그 행자의 마음속 수행과정에 있을 것이다. 그것은 낯설고 물 설은, 때로는 신변에 위험이 없으란 법이 없는 곳에서, 그 위험을 무릅쓸 줄 알고 또 혼자만의 외로움을 이겨내는 힘을 기르라는 뜻이 있을 것이다.

등산은 그렇다. 여럿이 어울려 가면 하기야 서로 힘이 되고 덜 외로운 것은 말할 것도 없지만, 그 '덜 괴롭고' '덜 외로운' 것이 어떤 면으로 보면 순수등산의 근원적인 산악정신의 추구라는 뜻에서 보면 오히려 역행이 될 수도 있다. 등산이란 힘들고 어렵고 외로운 자기 수행의 과정으로 그리하여 궁극적인 자아를 찾기 위한 인욕행(忍辱行)에 뜻이 있는 것이니 '괴롭고' '외롭지' 않으면 이미 등산의 진정한 참 의미는 퇴색하는 것이기 때문이다.

혼자 고독하게 황막하기만 한 험한 계곡과 능선을 누비며 허기와 좌절을 극복하고, 마침내 스스로의 괴로움과 외로움마저 이겨낸 끝에 저 고산 깊은 곳에 수행처의 암자를 일구고 영혼의 발원처를 다져 낸 그 옛날 고행자들의 불굴의 개척정신을 새롭게 상기하며 내 영혼의 진정한 기쁨과 삶의 에너지를 찾기 위해 나는 오늘도 색 바랜 낡은 배낭을 등에 지고 설레는 마음으로 새로운 산행 길을 찾아 홀로 집을 나선다.

또다시 산으로 가고 싶다

나는 또다시 산으로 가고 싶다. 혹한과 폭설이 내리치는 산정 그 외로운 산봉우리가 무한한 창공을 바라보며 바람과 산짐승을 벗 삼는 하얀 설산으로 또다시 가고 싶다. 내 발에 잘 맞는 낡은 등산화 한 켤레와 내 손때 묻은 낡은 피켈과 아이젠 그리고 질긴 자일만 있으면 된다. 산 아래에 붉게 깔리는 장밋빛 노을, 또는 잿빛 산안개가 피어오르는 이른 아침만 있으면 된다. 나는 또다시 산정 아래 구름바다가 내려다보이는 산으로 가고 싶다.

때로는 거칠게 혹은 차갑게 자연의 소리로 얘기하는 세찬 바람소리가 나를 부르며 손짓한다. 하얀 구름이 강물처럼 흐르며 시원하게 바람 부는 날도 좋다. 쌩쌩 눈보라 속에도 바람 막을 천막 한 동과 침낭 하나 물 끓일 버너 하나만 있으면 그만이다.

정처 없는 방랑자처럼 칼날 같은 바람이 부는 곳, 검은 독수리가 날고 표범이 떠도는 길을 나도 가고 싶다. 호연지기를 기르며 호탕하게 웃는 산사나이들의 신나는 이야기와 험난한 산행을 마치고 깊은 잠과 달콤한 꿈만 있다면 나는 그만이다.

황금들판이 바람에 일렁이고 결실의 계절에 만추의 갈색 고독을 느끼며 지상의 모든 곡식과 과실들은 수확되고 하늘은 눈발을 날릴 듯이 찌뿌듯하여 때로 바람마저 스산하게 발밑에 낙엽을 굴릴 때쯤이면, 산사나이의 가슴에는 모닥불이 이는 것이다. 집으로 돌아와서 묵혀둔 피켈과 아이젠을 꺼낸다. 먼지부터 닦아내고 줄로 장비들의 날을 세우고 기름 헝겊으로 문질러 주면 말없는 쇠붙이는 그때 비로소 긴 잠에서 깨어나 눈에 익은, 그 번득이는 시선으로 나를 쳐다본다.

여름용 암벽화는 손질하여 신장에 넣고 대신 겨울용 비브람을 손질하고 있으면 마음은 이미 찬바람 소리에 날개를 달고 지붕 위로 백마를 타고 달린다.

가자, 어디로 가겠다는 향방도 없이 금방 이런 말이 가슴속에서 튀어나온다. 눈과 얼음이 있으면 되고, 설레이는 고도만 있으면 된다. 거기에 칼날 같은 세찬 바람이 매울수록 고산의 적요는 더욱 나를 매료하려니 그리움이란 이런 것일까.

그것은 막연한 관념이 아니라 의식적으로든 무의식적으로든 내가 찾고 있었던 그 무엇이 어떤 조그만 동기 혹은 충동에 의하여 불쑥 이렇게 확연한 모습으로 눈앞에 떠오르면 그것은 이미 공상이나 동경이랄 것이 아니다. 어쩔 수 없이 나와 만나게 되어 있는 것. 전생의 인연이겠거니 하며 피할래야 피할 수 없는 것으로 짝지어져서는, 그것은 소리 없는 소리로 나를 부르고 또 나는 거기에 자신도 모르게 말려들게 마련인 것이다.

지붕을 울리는 바람 소리만 들어도 궁둥이가 연신 들썩거려지고 설악(雪嶽)의 눈 소식만 들려와도 눈을 지긋이 감게 되는 것은 사실 누가 시켜서는 되는 일이 아닐 것이다. 부르는 소리에 답을 하듯이 그곳에 갈 준비를 하나씩 챙기고 있는 도중에도 오히려 가슴은 더 설레어 오는 것이다. 이것을 어찌 열병이라 부르지 않을 것인가. 그곳이 정녕 험난한 가시덤불일지라도 이제는 아무도 그를 말릴 수 없는 일, 아니 그 길이 험난한 칼바람이 세차게 불면 불수록 그 불길은 더 열화처럼 타오를 것이다.

혹자는 산사나이를 리얼리스트라 했던가. 그가 설령 빈틈없는 계획을 세우고 장비와 식량의 무게와 지도상의 거리를 측정하고 계산하여 실제적인 모든 준비를 완벽하게 갖추어 미지의 꿈을 현실화하는 용의주도한 실무 등산가라 할지라도, 그를 그렇게 몰아가는 근원적인 동기는 바로 이 그리움과 설레임이 있기 때문일 것이다. 그럴 수만 있다면 한 번 그의 가슴의 문을 열어보라. 그의 가슴은 안개 같은 연기가 피어오르는 열정적 활화산일 것이 분명하리니 알고 보면 그는 타고난 로맨티스트임에 틀림없을 것이다. 얽매임을 싫어하고 굴레를 마다하며, 얄팍한 잔꾀를 부려 사람을 휘어잡는 그 치사함을 애시당초 꺼려하는, 그는 가다가 쓰러질지언정 어쩔 수 없이 나아가는 사람, 앞으로 전진하고 개척하며 도전하는 사람일 수밖에 없을 것이다.

먼 산에 하얀 눈 소식이 있다.
새날에 먼동이 트면서 눈보라가 몰아치는 칼바람이 손짓한다
장밋빛 석양이 산 아래 은세계를 찬미한다
먼저 가신 님의 목소리도 아련히 들려온다
나는 어쩔 수 없이 또다시 산으로 가야겠다.

산악인과 산쟁이

전문 등산가들 사이에서는 '산악인'이라는 호칭보다는 '산꾼'이나 '산쟁이'라는 표현을 즐겨 사용한다. 근자에 등산이 급격히 대중화되어 이젠 누구나 즐기는 대중 스포츠가 되어서 산에 오른다고 다 산악인이라 부르는 것은 무언가 부적절하게 느껴지기 때문이다. 요즈음은 동네마다, 아파트 단지마다 산악회가 생겨서 관광버스를 동원하여 전국 각지의 유명한 산을 다니고 또 기업형 안내(guide) 산행이 성업을 이루고 있는 실정이다. 산악인이란 호칭은 엄격히 말하면 등산 전문인이란 의미를 갖고 있는 것이다.

전국의 산천을 관광처럼 안내를 받으며 이 산 저 산 구경하고 올라보는 정도로는 전문인이라 부르기엔 부적절하다. 산쟁이(산꾼)들끼리의 세계에서는 등산에 충분한 경험과 기술을 갖추고 올바른 산악정신을 바탕으로 산악운동의 발전을 위해 많은 헌신을 한 존경받을만한 인품을 갖춘 사람에게 산악인이라는 호칭을 자연스레 사용한다. '쟁이'라는 말도 '엿쟁이' '떡쟁이'처럼 약간 비하적인 느낌이 있지만 바로 그 분야에 전문인이라는 의미이기도 하다. 산꾼들은 자기 스스로 존칭으로 쓰이는 산악인보다는 '산쟁이' 또는 '산꾼' 등이 더 친밀감과 편안함을 느낀다.

'꾼'이라는 표현도 예로부터 '땅꾼' '농사꾼' '장사꾼' '사기꾼' 등 낮춤말이기는 하지만 그래도 그 분야에 전문인이라는 의미도 있어 차라리 '산악인'보다는 '산꾼'이라는 표현이 자기를 낮추며 편하게 사용한다. 고난도의 클라이밍이나 고산의 험난한 등반을 성공하기 위해서는 산쟁이들은 많은 학문적 공부와 훈련을 과학적으로 해야 한다. 등산은 신의 영역인 대자연을 대상으로 하는 것이기 때문에 인간이 알고 있는 지구상의 모든 학문과 과학이 총망라되어 동원되어야 한다.

몇 가지만 예로 들어 볼까. 우선 8,000m 고산등반에서는 날씨의 변화가 성패를 좌우한다. 영하 30~40도의 추위와 싸워야 하고 예측하기 어려운 제트 기류와 눈바람을 이겨야 하며 수시로 일어나는 거대한 눈사태와 크레바스의 함정을 극복해야 한다. 그러니 기상을 예측할 수 있는 예지력과 전문지식을 필요로 한다. 또 대원들의 컨디션 유지를 위해서는 대원들의 식사와 영양공급, 고산에서의 특수한 상황에 맞는 메뉴 선택과 조리 식재료의 무게와 부피 등을 고려한 수송운반과 장기간 보관 등의 영양학적 전문성이 요구된다.

효율적인 등반을 위해서는 각종 장비의 선택 또한 중요하다. 보다 과학적이고 체계적인 훈련과 실험 연구를 통해 빈틈없고 합리적인 준비가 필요하다.

또 고소증세에 대한 과학적인 대비가 필요하다. 8,000m 이상의 고산에 올라가면 지상의 3분의 1정도의 산소밖에 없다. 3,000m 이상이 되면 보통 사람은 고소증세가 나타난다. 사람에 따라 차이는 있지만 고소증세를 극복하는 과학적이고 체계적인 훈련과 준비도 요구된다. 또 만약 등반사고 등으로 환자가 발생하면 이에 대처하는 응급처치나 의료적인 지식도 요구된다.

또 어려운 상황에서 팀을 원만하게 이끌려면 조직을 운용하는 리더십과 각자의 멤버십 등 위험한 상황에서 예민해진 대원들의 심리상태를 파악하여 심리적 안정을 도모하고 사기를 올려주는 심리학도 공부해야하고 조직을 운용하는 조직력과 행정력 등을 겸비해야 하고 현지에 가면 원주민들과의 언어 소통도 대단히 중요하므로 다양한 언어학도 공부해야 하는 그야말로 토털 학문과 과학 문화예술까지도 망라해서 공부해야 하는 광범위한 학문과 과학성의 지식이 요구되는 토털 학문이요 과학의 세계인 것이다.

등산이 단순한 신체 스포츠가 아니라 종합적 학문이요 종합스포츠요 예술과 문화의 세계라 할 수 있다. 그런데 어찌 유명 산 몇 군데를 오르며 구경하고 왔다고 해서 쉽게 산악인이라 할 수가 있겠는가! '산악인'이란 호칭은 등산전문가로서 뿐만 아니라 훌륭한 사회인으로서도 존경받는 사람이 되었을 때 남들이 자연스레 불러 주는 것이다.

그래서 나는 오래 전부터 '산쟁이'라는 호칭을 좋아하고 애용한다.

팔공산 회상

번잡한 도시를 벗어나 팔공산 순환도로를 타고 시원하게 아침을 달리다 보면 도학골 동화사 입구를 지나 수태골 휴게소에 다다른다. 그곳에는 수많은 차량을 주차할 수 있는 주차시설이 있고 식당과 휴게소, 전원카페 등이 즐비하게 늘어 서 있다. 휴일이면 오가는 사람들과 밀려드는 차량의 홍수로 큰 장터를 방불케 한다. 이 수태골은 오도재, 서봉, 동봉, 비로봉으로 갈 수 있는 가장 많이 알려진 산행코스의 초입으로 계곡의 경관 또한 수려하고 운치가 있어 당일 등산에는 더할 나위 없이 좋은 곳이다.

그런데 요즈음 이 계곡 길을 오르다 보면 등산객들의 각양각색의 행태로 만감이 교차될 때가 많다. 여름엔 계곡 곳곳에서 화학세제로 머리를 감고 목욕을 하는 사람, 떠들어대며 술 취한 사람, 한판 어우러져

화투판을 벌이는 사람들, 또 그런 사람들이 떠난 자리는 쓰레기들이 어지럽게 버려져 있어 옛날 오붓하고 은근한 솔향기의 신선한 고적감의 운치와는 멀어져 있다.

그 옛날 도로가 없고 마땅한 교통수단이 없었을 때는 찾는 발길이 뜸해 골짜기의 맑은 수면 위엔 산그림자가 내려앉았고, 산새들의 청명한 지저귐과 나뭇잎들의 고요한 떨림으로 한적하고 호젓한 정겨운 산길이었다.

그래서 산중의 정취를 품을 수 있는 아늑함에 젖어 더없이 행복하고 즐거웠던 길이었는데 지금은 이런 시끌 복잡함에 그리움으로 마음을 무겁게 한다.

이 수태골 골짜기엔 또 잊을 수 없는 사연이 있다. 계곡을 따라 한참을 오르다 보면 바윗골 암벽 훈련장이 있는데 '신원바위'라고 불리기도 하는 수직 벽의 바위에서 장래가 유망했던 후배 산쟁이 승호 군이 등반 도중 추락하여 젊은 영혼의 참담한 이별에 밤새워 바위 밑에서 울었던 잊을 수 없는 코스이기도 하다. 이런 연유에서도 이곳은 산악인들의 마음에서 추억과 아픔이 맺힌 곳이기도 하다.

순환도로가 생기기 전인 오래전에는 완행버스에서 내려 미대동에서부터 걸어서 수태골 계곡을 따라 바윗골을 거쳐 서봉 샘터로 가는 이 길은 산악인들에게는 마음의 고향 같은 길이었다.

팔공산에서 산악인들의 추억이 서린 또 다른 계곡을 되돌아보면, 60년대에 대구의 산악인들이 즐겨 애용했던 폭포골 옆 수숫골이 있다. 여러 가지 사정으로 인해 지금은 골프장으로 변해 버린 도학골(무당골)로 옮겨 갔다.

그 당시에는 계곡의 맑은 물이 항상 넉넉하고 캠프장이 여유로워 산악단체의 행사와 축제가 대다수 이곳에서 이루어졌는데 지금은 골프장으로 숲이 면도되어 그때의 멋과 수려한 풍치는 영영 되돌아 갈 수 없는 아련한 기억 속으로 묻혀 버렸다.

결국 도학골을 잃은 대구의 산악인들은 수태골 위의 바윗골야영장으로 터전을 옮겨 당시 암벽등반의 붐과 더불어 80년대의 산악운동의 요람으로 이곳을 애용하게 되었다.

팔공산 종주코스로는 영천 은해사에서 출발하면, 중암암 – 능성재 – 염불봉 – 비로봉 – 파계봉 – 한티재를 거쳐 가산바위까지 이어진다. 이 능선종주 산행의 장쾌한 맛은 오르는 사람만이 향유할 수 있는 것으로, 겹겹이 포개진 산의 군무를 시원한 시야로, 몸으로 그리고 가슴으로 체험하는 그 무엇과도 바꿀 수 없는 희열이고 환희였다.

산 빛에서 우러나오는 사계절의 오묘한 변화에 삼라만상의 이치를 배우고 터득해 가는 소중함이 산을 찾는 또 하나의 삶의 방편이고 행복을 구가하는 인생의 한 과정이요 가치라 할 수가 있을 것이다.

향토 산악인들에게 산의 의미와 자연의 이치를 일깨워 준 푸근한 마음의 산, 우리들의 고향 같은 산, 영남의 진산, 팔공산은 지금 전국에서도 제일 많이 훼손된 산이 되어 있다고 한다. 우리 산악인들은 늘 자연의 원상태 보호와 산사랑 자연사랑을 부르짖었지만 과연 제 몫을 다 했는지 되묻고 싶다.

오늘도 수태골을 올라가며 나 또한 산쟁이의 한 사람으로 후배들에게 부끄럽고 미안한 마음은 떨쳐 버릴 수가 없다. 그래도 산은 언제나 그 자리에서 묵묵히 우리를 지켜보고 있다.

등산교육도 개혁이 시급하다

국민의 혈세로 만들어진 공적자금 비리사건으로 온 나라가 시끄럽고 국민들은 불신감과 분노를 느끼고 있다. 이 사건이 나라경제에 큰 파장을 주기도 하겠지만 그보다도 더 큰 걱정은 우리 사회의 도덕적 가치관을 흔들어 놓았고 IMF이후 금모으기에 동참하며 허리띠를 졸라 맨 국민들에게 허탈감을 안겨 주었다. 우리 사회의 지도층 사람들이 이토록 엄청난 탐욕의 부정행위를 스스럼없이 하고 있으니 과연 누가 누구에게 가르치고 훈계하며 지도할 수 있을 것인가. 부모 재산을 탐하여 현직 대학교수가 부모를 살해한 사건이 일어나는 등 사회지도층이나 지식층의 사람들이 엄청난 비리와 부정행위를 서슴지 않고 있으니 우리 사회의 도덕성이 어디까지 추락되어 있는지 정말 자괴감과 허탈감을 느끼지 않을 수가 없다.

왜 우리 사회가 이 모양이 되었을까. 물론 여러 가지 사회의 구조적 모순과 제도적 모순, 그리고 시행착오가 빚어낸 복합적인 문제들이 사람들의 가치기준에 혼란을 야기시켰고, 삶에 있어서 무엇이 정말로 소중한 가치인지에 대한 철학과 윤리교육이 결여된 인간교육의 부실에서 온 당연한 결과라는 것에는 대체로 국민적 공감대가 형성되어 있는 듯하다. 무릇, 홍익인간이 교육의 궁극적 목표라 했을 때 인간교육이 잘못되어 우리 사회가 이렇듯 무서운 병에 걸려 있다면 우리는 조속히 우리의 교육환경과 제도의 개선을 서둘러야 할 것이다.

지금 우리 사회의 교육환경은 어떠한가, 입시 위주의 교육, 시험합격 제일주의의 교육이 우리 사회를 어떻게 만들었는가. 극단적인 이기주의와 황금만능주의, 출세만 지향하는 목적 지상주의에다 기회주의, 거기다 생명경시풍조까지 만연하여 우리 사회는 도덕성을 크게 상실한 중병을 앓고 있고 충, 효, 예의 정신도, 의로운 정신도 구시대의 유물처럼 경시되어 말살의 위기에 있는 극단적 병리현상에 허덕이고 있다.

이러한 결과는 오랫동안 우리나라의 교육행정 책임자들이 교육의 방향과 목표를 잘못 설정한 크나큰 시행착오와 오류에서 기인하였다고 할 것이다. 이는 우리 모두 다같이 반성하며 책임져야 할 심각한 문제일 것이다. 근자에 와서 인성교육 중심의 전인교육을 하겠다고 뒤늦게 법석을 떨고 있지만 너무 오랫동안 방치된 합격 지상주의의 부작용은 우리에게 너무도 많은 대가를 치르게 했고 쉽게 치유되기도 힘들 것 같다. 산악계의 등산교육도 이와 그 맥을 같이 해야만 할 것이다.

교육은 왜 하는 것인가! 우리는 교육을 하기 이전에 그 목적이 분명히 있어야 할 것이고 목적에 따른 본질을 확실히 파악하고, 그 본질에 맞는 목적에 도달하려는 확고한 철학을 바탕으로 제도와 규범, 방법들을 객관성을 두고 지혜롭게 마련해야 할 것이다. 교육일반의 이념이 '홍익인간'이라고 결론지어진다면 등산교육도 궁극적으로 산악운동을 올바르게 하기 위함일 것이요, 참다운 인간으로 보람되고 가치있게 살고자 함일 것이다. 산악운동을 하는 사람은 순수 산악정신에 바탕을 두고 산악인으로서의 철학을 실천하는 것이 진정한 산악인이요, 등산가라 할 수가 있을 것이다.

따라서 산악운동을 통하여 우리 사회의 이로운 역할을 할 수가 있고 어떠한 형태로든 유익하게 기여할 수 있는 형상을 갖출 때 비로소 산악운동의 가치와 의미를 갖게 될 것이다. 이러한 산악운동의 의미를 제대로 인식하여 모범적으로 실천할 수 있는 등산가를 육성하고 연구, 교육하며 훌륭한 등산인을 길러내기 위한 목표를 갖고 설립, 운영하는 곳이 등산학교일 것이다. 우리나라의 체계적인 등산교육은 해방 이듬해인 1946년에 그 효시이다.

국내에서 최초의 등산교육이 실시된 이후, 현재 전국에서 운영되고 있는 등산학교는 24개 정도이며, 이들 등산학교를 통해 산악활동에 입문하는 사람만도 해마다 1,200~1,400명에 달하고 있으며, 각 지역의 등산학교 졸업생들이 벌이는 활발한 움직임이 기존의 보수적 산악계에 신선한 충격과 활력을 주고 있어 등산학교에 대한 관심이 한층 높아지고 있음은 반길만한 일이다. 등산학교에 쏟아지는 이러한 관심은 등산학교 본래의 목적이기도 한 체계적인 등산교육, 산악운동의 올바른 저변확대, 등반기술의 연구와 보급에 관해서는 일단 긍정적인 평가를 내리고 있다.

그러나, 단시일 내에 급조되는 산악인의 자질문제와 산악관이 제대로 정립되지 못하여 등산정신을 제대로 이해하지 못한 상태에서의 수료생의 양산에서 오는 부작용과 그로 인한 선,후배간의 괴리, 또 강사의 자질문제 등 등산학교가 처해있는 문제점에 관해서는 우려의 목소리 또한 많다. 단순한 등반기술이나 단편적이고 진부한 등산지식의 획일적이고 답보적인 전달 교육의 범주를 벗어나지 못하고 있다는 지적이 특히 많다. 세상은 하루가 다르게 변하고 있고, 변화를 요구하는 시대에 우리는 살고 있다.

그런데 우리 산악계는 아직도 수십 년 전의 구태의 사고방식과 의식구조에서 벗어나지 못한 채 정신적인 면에서는 아직도 제자리걸음을 하고 있다. 산악문화 전반에 걸쳐 일대 개혁이 필요하고 등산교육도 하루빨리 대 변혁이 있어야 할 것이다. 지금 우리의 등산교육의 현실은 과연 이 시대가 요구하는 참신한 산악인을 육성할 수 있는 양질의 교육 내용과 프로그램을 갖고 있으며 또 공부하고 연구하며 개선하려고 노력을 하고 있는지 묻고 싶다. 또 순수한 정열과 봉사정신으로 올바른 교육관을 갖고 교육에 임하는 지도자가 얼마나 되는가.

지구촌의 산악계는 세계의 거벽을 하루에도 몇 코스씩 순회등반하는 기록 무감각의 시대에 우리는 살고 있고, 등반양태와 환경도 무한한 변화를 계속하고 있다. 아침 먹고 아이거에 오르고, 점심 먹고 마터호른에 오르내리는, 초인적 등반시대에서 우리의 등산교육은 아직도 별 의미도 없는 등정제일주의의 무의식의 목표와 답보적 등반기술이나 오르는 재주, 등산의 수단이나 가르치는 등산 기능인들만 양산하는 기형적인 발전행태가 오늘의 우리 등산교육의 큰 문제로 부각되고 있다. 등산철학이 정립되지 못한 수적인 증가만으로 우리 산악계를 병들게 하고 있다. 때문에 좋지 못한 역기능의 부작용이 심각하다.

지금 우리 산악계는 등산기술자나 등산재주꾼이 필요한 시대는 아니다. 진정한 산악정신을 바탕으로 한 도덕성과 인품을 갖추고, 인간미가 풍부하며 올바른 등산철학으로 깨끗한 양심을 최고의 가치로 여기는, 진정 존경받을 수 있는 순수한 산악인이 필요한 시점이다. 따라서 이런 '진짜 산악인'을 길러낼 수 있는 교육이 이 시대의 진정한 '등산교육'이며 또한 그 가치와 보람도 찾을 수 있을 것이다. 몇 가지 등반요령과 기술만을 익혀서 몇 사람이 한 조가 되어 소위 '게릴라 원정대'를 급조하여 해외원정등반인지 관광레저(leisure)인지 분명치 않은 해외소비파들이 마치 등산의 첨단이고 최고인 양, 일류 산악인인 것처럼 행세하고 착각하며 또 이러한 형태가 묵시적으로 우매한 일반인에게 왜곡되고 있는 안타까운 현실이 우리 산악계의 현주소이다.

이러한 행위는 대학입시가 인생의 전부이고 삶의 성공, 실패인 것처럼 착각하며, 수단과 방법을 가리지 않고 부정입학까지 하는 것과 조금도 다를 바가 없을 것이다. 따라서 등산교육도 등산기술이나 재주만을 가르치는 무철학의 등산기술자나 등산요령꾼만 양산하여 사회에 무익한 등산교육이 되어서는 안 될 것이다. 차제에 등산 교육도 일대 개혁과 방향의 대전환이 시급하다. 구태의연하고 진부한 권위주의적 사고의 등산행정책임자나 교육책임자들의 무사 안일한 의식의 대전환이 시급하며, 젊고 순수한 산악인들로 대폭적인 세대교체가 시급하게 이루어지는 것이 바람직하다. 그리고 올바른 등산철학을 갖춘 산악인을 배출시키기 위하여 인간 교육에 비중을 둔 보다 과학적이고 체계적인 '교육프로젝트'가 조속히 마련되어야 할 것이다.

알피니즘(Alpinism)의 상실시대

최근 모 언론사의 설문조사에 의하면 도시 직장인들의 70%가 취미가 뭐냐는 질문에 등산이라고 답했다 한다. 요즈음 등산화 한 켤레쯤 없는 사람이 없을 정도로 등산인구는 급증하였고 등산은 일반에게 대중화되었다. 그런데 막상 산악계에서는 등산하는 사람은 많은데 산악인은 없다고 한다. 물론 건강목적이나 취미로 등산을 하는 사람이 많아졌기 때문일 것이다.

우리는 전문성를 갖고 등산을 하는 사람을 일컬어 알피니스트, 암벽등반가를 클라이머, 고산등정과 클라이밍을 아우르며 토털 알피니즘을 추구하는 사람을 등산가 혹은 산악인이라고 부른다. 이들 산악인들이 추구하는 철학과 이념을 알피니즘(Alpinism), 우리말로는 산악정신이라고 한다.

문제는 근자에 와서 순수한 산악정신은 완전히 실종되어 버렸다는 것이다. 상업주의 등반과 개인의 이해득실 관계, 명예욕 등으로 서로가 불신하며 등정결과에 대한 허구적이고 과장된 사실 · 왜곡의 등반보고와 언론보도, 연맹집행부 선출과정에서의 상호비방과 학연· 지연의 패거리 문화, 심지어 선후배와 동료 간에 법정소송 사태 등 불미스러운 일들이 끊임없이 이어지고 있어 부끄럽고 실망스런 사태를 보다 못한 뜻있는 산악인들은 자괴감에 빠져 아예 산악운동을 포기하고 산악계를 영원히 떠나는 일도 허다한 현실이다.

알피니즘의 본질은 인간내면의 가치를 추구하는 정신운동으로 끊임없는 자기수련과 계발을 통한 자아실현에 있다고 할 수 있으며 나아가 사회기여적인 순기능의 역할을 수행하는데 궁극적 목적이 있다. 그런데 근자에는 이런 본래의 의미는 차츰 퇴색되어지고 물리적 기록이나 과시적 실적에 의미를 앞세우는 양상으로 변질 왜곡되어 심각한 부작용을 낳고 있다. 물질문명의 발달과 함께 왕성해진 원정등반도 보도된 기록이면에는 8,000m급 히말라야에도 오염의 심각도가 두드러지고 인간성 자체가 의심받는 비도덕적이고 비인간적인 사건들로 뒷얘기가 무성한 것도 요즈음의 실태다. 이러한 현실 앞에서 바람직한 산악인의 자화상은 어떤 것인지 생각해 볼 때인 것 같다.

우선 올바른 산악운동은 알피니즘의 이념과 도덕성을 바탕으로 이루어져야 한다. 도덕성은 산악인 이전에 인간의 근본 규범이다. 무상의 가치를 지향하는 산악인의 모습에서 인간성이 도외시된다면 등정성공의 박수가 요란하다 할지라도 이는 무의미한 허구에 불과할 것이다. 산악운동도 이제 사회기여적인 역할을 해야 할 필요성이 절실한 때이다. 우리 사회의 도덕성회복과 의식개혁 운동이 절실한 요즈음 알피니즘의 순수성이 사회에 기여해야 할 시대적 사명이 절실하다 할 것이다.

산악운동이 보다 적극적으로 사회에 기여하기 위해서는 기록이나 실적만을 쫓는 형식적 성과보다는 순수 산악정신을 바탕으로 한 정통 산악운동을 추구해야 할 것이다.

그리고, 내재적인 능력을 향상하여 올바른 산악문화의 발전을 위해 헌신적으로 봉사하고 기여할 수 있는 넉넉하고 따뜻한 인간미를 갖춘 정의롭고 성숙한 참다운 진짜 산악인을 많이 육성하는 것이 시급한 과제라 여겨진다.

산에는 아무나 가지 않았다

산에 가는 것에 건강이라는 명제가 개입되지 않은 시절의 옛이야기다. 말하자면 '산이 거기 있기 때문에'라는 선문답이 먹혀들던 시절이었고, 그러면서도 땔감용 나무를 하러 다니던 배고픈 시절 하고는 조금 다른 등산이야기라고 보면 맞을 것이다. 오뉴월 땡볕에 삼단 배낭을 지고 산에 오를라치면 등 뒤에 꽂히는 한심하단 시선을 훈장쯤으로 새겼던, 말도 안 되는 시절 말이다.

그즈음은 산에 가는 것을 숙명으로 여겼던 행복한 오인(誤認)이 산꾼의 코를 벌름거리게 만드는 것에는 나름의 이유가 있었다. 왜냐하면 존재 자체가 바로 산이란 은유적 등식을 대단한 자부심과 긍지로 믿었기 때문이다. 지금도 먼 설산에 청춘을 묻을 수 있는 젊은 열정들도 따지고 보면 이 어눌한 자부심 때문이 아닌가 한다. 그 당시 산꾼으로서의 자격 기준은 오로지 하나였다. 삶의 물리적인 가치를 얼마나 등한시 하느냐에 자질의 타고남을 가늠하는, 이 단순함의 극치에도 눈빛만은 살아있던 것 또한 자부심 때문이라면 모두들 웃을까.

장비(裝備)이야기만 하면 날밤을 새운다. 어쩌다 '하늘의 별따기'만큼 구하기 힘든 외국산 고급 장비를 가지게 되면 한참은 으스댈 수 있었다. 성능 면에서 하나같이 검증도 제대로 안 된 유사품에 목숨 걸며 만족했던 것을 지금의 때깔 좋은 장비와 비교하면 눈물이 다 나올 지경이다. 이런 현상이 어디 등산이야기에만 국한되겠는가. 못 가진 것이 너무도 많아 어쩌다 하나 가지면 그것이 최상의 기쁨이 되는 참으로 어설펐던 시절에 대해서는 모두가 따스한 봄날의 달콤한 기억일 뿐이다.

팔공산행 76번이란 버스를 뺄 수가 없네. 물론 가끔은 20번도 이용하지만 말이다. 76번이란 번호의 매력은 바로 산행의 출발점이기 때문이다. 동화사의 굽이진 옛길은 산사의 엄숙함이 고스란히 배어 있어 산을 오르는 마음가짐을 추스르기에 더없이 좋았다. 눈 감고도 오를 수 있었을 길이 이젠 기억에서 가물거릴 뿐이다. 수시로 드나드는 바윗골을 가자면 미대동 초입에서부터 꾸역꾸역 올라가야만 했던 불편함이 사라진 지금에 와서 그 지루한 맛을 못 잊어 하는 까닭은 나도 모를 일이다.

Chapter 4 사랑

살판을 위한 멍석을 펴자

서양 연희(演戲)의 기원은 신들의 경배를 위한 것에서 출발했다고 한다. 신들은 인간과 똑같은 모습과 감정을 지녔는데 다만 죽지 않는다는 생각에 인간은 신들을 위한 특별한 자리를 마련하였다. 그래서 신과 인간의 경계를 위한 무대가 생겼고 그곳은 신성한 곳이며 또한 연희자는 신과 같은 인물이었다. 그러다 보니 연희자는 객석이 아닌 무대 뒤에서 나온다고 한다.

우리의 전통적인 연희는 '놀이판'이었다. 커다란 마당이나 빈 터에 멍석을 깔면 그것이 곧 무대였으며 또 그 위로 차일을 치면 바로 공연장이 되었다. 그런데 이 놀이판에는 무대와 객석에 대한 특별한 경계가 없는 듯하다. 결국은 한 치 높이의 멍석의 안과 밖이 바로 무대고 객석이었던 것이다. 연희의 파장(罷場)은 연희자와 관객이 한데 어우러지는 뒤풀이로 연결되어져 있다. 이처럼 안과 밖의 경계가 없는 것이 우리의 전통 연희다. 이는 서양의 연희와는 매우 다른 특성인 것 같다.

멍석에 대하여 언급하면, 우리 속담에 "하던 짓도 멍석을 펴면 안 한다."고 하였다. 이 말은 어떤 행위를 더 잘할 수 있도록 해 주면 막상 하기 싫어지는 사람들의 야릇한 심리를 담고 있다. 즉 하지 말라면 더 하고 싶은 청개구리 심리도 마찬가지이며 이 속담은 심리적인 반발 상태를 표현하고 있다.

그리고 이규보의 지지헌기(止止軒記)에 '지지(止止)'라는 말이 있다. 이는 '능히 멈춰야 할 곳을 알아 멈추는 것에는 허물이 없다.'는 것을 말한다. 즉 처신의 어리석음을 꼬집는 경구가 아닌가 한다. 판이 아무리 흥이 난다 하여 파장도 아닌 막중에 무대로 뛰어 들어가는 무모함도 문제거니와 이쯤에서 내려옴이 마땅한 판세인데도 막무가내로 버티는 아둔함도 문제일 것이다. 말하자면 '박수 칠 때 떠나야' 함이 옳다는 것과 가야 할 때를 알고 떠나는 자의 뒷모습은 아름답다는 것이다.

우리의 놀이판에는 살판(땅재주놀이), 덧뵈기(탈놀이), 버나(접시돌리기), 어름(줄타기), 덜미(꼭두각시놀이), 풍물이 있는데 특히 '살판'이 그 중심이었다고 한다. 우리가 흔히들 '살판났다'는 말도 여기에서 비롯되었다.

이제 좀 지나면 나라에 대선(大選) 총선이라는 신명나는 한 판의 놀이판이 준비되어 있다. 얼마 전에는 서울 한마당에서 일개 시민운동가가 거대한 조직의 기성 정당 후보들을 제치고 놀이판에서 '얼쑤' 추임새를 외치며 민초들의 박수를 받기도 했다. 이제 제대로 된 신명나는 한 판을 위하여 모든 이가 횃불을 밝히며 추임새를 넣으려 한다. 그런데 막상 판은 벌어져 있는데 청개구리 심보도 고약하지만 '지지'를 모르는 연희자가 있어서도 정말 곤란할 것이다. 남녀노소 가릴 것 없이 흥겨움으로 파안대소할 수 있는 그런 살판이 되길 간절히 기원해 본다.

그래야 우리 같은 민초들도 '얼쑤' 하며 한바탕 어깨춤이라도 흉내내 볼 수 있을 테니까.

불빛은 소통을 위한 언어

캄캄한 밤, 섬은 외롭다.

칠흑 같은 어둠 속에서 낮 동안 살갑던 바다도 보이지 않을 때, 건너 육지에서 반짝이는 불빛 하나가 천지간의 적막을 가르며 한 줄기 그리움으로 살아나는 것을 섬은 온몸으로 느낀다. 혼자 떨어진 자의 두려움이 심원(心源)을 흔드는 이 순간, 불빛은 소통의 교신이다. 마치 여린 생명에 온기를 불어넣는 구원(救援)처럼 따스함이 담겨있기 때문이다. 그래서 섬은 외롭지 않다.

너와 나 사이에 칠흑 같은 어둠이 내리고 한 줄기 불빛조차 없을 때, 하늘이 무너지는 외로움으로 몸서리친 적이 있을 것이다. 꿈과 영혼의 사랑에 목숨도 허공에 흔들어 놓던 파란시절에는 누구나 혼자라는 사실이 넓디넓은 이 세상에 발자국 하나 디딜 수 없는 절박감을 안겨 주고, 나를 위한 불빛의 깜박거림이 너무도 그리웠던 순간이 있었을 것이다.

인간에게서 불빛은 언어다. 특히 말하기와 듣기인 음성언어가 갖는 소통의 역할은 참으로 크다고 하겠다. 하룻동안의 언어활동 중 75%를 차지하는 것이 음성언어인 점을 보더라도 잘 알 수 있다. 그런데 언어가 소통의 걸림이 될 때가 있다. 언어의 의미가 변질되는 것은 그 자체보다는 말하는 인간에 의해서다. 화자를 감싸고 있는 몸짓과 표정 등이 의사소통의 한몫을 담당하기 때문이다. 그러므로 화자이건 청자이건 대화 상황에는 몰이해와 오해의 가능성이 잠재해 있음을 염두에 두고서 찰떡같이 말하고 들어야 한다.

언어는 집단적인 산물이므로 인간은 자신이 사용하는 말을 완전히 소유하거나 통제할 수 없다. 왜냐하면 화자는 한 단어에 담긴 모든 의미를 다 사용할 수 없고, 발화되는 순간의 다양한 변화를 의도할 수 없기 때문이다. 인간은 끊임없이 자신의 언어를 쓰는 것으로 보이지만 실제로는 청자를 위한 언어만을 쓰고 있음을 알게 될 것이다. 그래서 눈치 있는 사람은 원만한 소통을 위해서 수많은 맥락을 파악하는 것에 온 신경을 집중한다.

언어 사용에는 항상 불분명함이 따른다. 이런 언어의 함의성(含意

性), 애매성(曖昧性)이 해석의 여지를 남겨 소통에 적잖은 뜸을 들이게 한다. 그러나 중요한 것은 언어의 애매성이 절대적인 부정성(不正性)만을 갖는 것이 아니라는 것이다. 특히 문학에서는 더 그럴 수도 있지 않을까.

파란 가을하늘 같은 청명하고 아름다운 언어들로 따스한 세상이 되기를 바란다.

꽃 한 송이 드릴 스승이 없다면 그대는 불행하다

오래 전에 누군가 신문에 기고한 '스승의 날' 단상을 읽은 적이 있다. 기억에 의하면 그 기고자가 경험한 고등학교 때 이야기라고 한다. 자신은 변두리 따라지(농땡이) 학교에 다녔었는데, 아침 출석점검이 끝나면 남 몰래 월장하는 것이 보통인 소위 말하면 불량학생이었다고 한다. 그날도 예의 월장을 계획하고 있는데 조례 시 담임선생님의 말씀이 "오늘은 장학지도가 있는 날이니 수업 중 도망은 절대 금지"라는 것이다.

평소에도 담임의 훈계쯤은 '쇠귀에 경 읽기'로 알던지라 장학지돈지 뭔지는 내 알 바 아니니 눈치껏 틈을 보아 월장하리라 마음을 먹었단다. 그런데 늘 하던 월장 코스는 높이가 낮아 단번에 넘을 수 있는 반면 눈에 잘 띄는 곳이었단다. 그래도 일말의 양심은 있어 오늘만은 그 코스를 포기하고 교정의 후미진 곳을 택하려 하니 담장이 높아 은근슬쩍 부담이 되더란다. 그래도 포기할 수는 없다 싶어 먼저 가방을 담 밖으로 던지고 젖 먹던 힘을 다해 오르려는데 어떻게 알고 오셨는지 담임선생님께서 어깨를 치더라는 것이다. 말짱 틀렸구나 싶었는데 "혹시 장학사가 볼지 모르니 빨리 넘어라"며 등을 구부리시는 것이 아닌가.

당황한 나머지 앞뒤 견줄 생각도 못하고 담임선생님의 종용대로 등을 밟고 담장을 훌쩍 넘었다는 것이다. 물론 아주 쉽게 말이다. 그 이후로 담장을 넘는 일은 그만 두게 되었고 학교는 무사히 졸업했다고 한다. 세월이 흘러 그는 중년의 사회인이 되어 그날의 회상을 글로 옮기며 자신에겐 참으로 존경스런 스승이 한 분 계시다는 사연을 털어놓으며 행복해 했다.

지금의 학교문화에서는 있을 수도 없는, 그리고 수업을 팽개치는 제자의 월장을 도와주는 것이 과연 올바른 교사의 모습인가 의문을 가질 수 있는 일이지만 가슴이 뭉클해지는 것도 사실이다. 대한민국 사람 대부분은 제자였다. 무지와 우매함을 다듬어 길을 열어주려던 무수한 손길 속에서 자라왔다. 물론 여린 가슴에 상처를 준 일도 있었겠지만 그래도 그들은 노력을 아끼지 않았다.

요즘 스승도 제자도 없다고들 한다. 하지만 꽃 한 송이 드릴 스승이 없다면, 그는 참으로 불행한 사람이라고 생각한다. 분명 스승은 있었을 터인데 인간적 교감을 나누지 못하였거나 제자인 자신의 몫에 최선을 다하지 못한 것이 아닌가 한다. '너는 누구에게 한 번이라도 뜨거운 사람이었느냐'는 물음을 자신에게 던진다면 아마 제자였던 그대는 고개를 숙일 것이다.

유명한 교육자는 새로운 교육학의 체계를 세우나,
젊은이를 건져서 이끄는 자는 무명의 일선 교사로다.
청빈 속에 살고 고난 속에 안주하도다.

'청출어람(靑出於藍)', 스승보다 더 멋지고 훌륭한 제자들이 많이 나온다면 우리 사회는 얼마나 행복하고 흐뭇할까!

'미스 사이공'이 불편한 이유

지금 머릿속 잔상에 교차되는 베트남 출신의 두 여인이 있다. 한 사람은 인기 있는 뮤지컬 공연 속에서 전쟁의 소용돌이치는 숙명 앞에 절규하는 여자이고, 한 사람은 TV 속에서 농촌 노총각에게 시집와 물설고 낯선 살림살이에 힘들어 절망하는 여자다. 두 경우 모두 젊은 나이에 감내하기 힘든 인생의 쓰디쓴 고뇌를 끌어안고서 몸부림치고 있다. 뮤지컬이란 예술로 승화된 여자는 웅장한 무대가 주는 감동으로 열렬한 갈채를 받았고, 다큐멘터리로 제작된 타국의 여자는 어색한 일상 위에서 종종걸음을 쳤다. 그런데 둘 다 우리 현실의 서글픈 이면이 들춰진 듯하여 불편하기는 마찬가지다.

우리에게도 '킴(여주인공)'이 있었다. 종전(終戰) 뒤 그들에게 가해진 비난의 눈초리는 그들을 이 땅의 그늘에서 움츠리며 살게 했다. 그 세찬 날카로움에 목숨을 버린 이도 있고, 아이의 뿌리를 찾아 떠난 이도 있었다. 우리의 부이도이(buidoi: 삶의 먼지란 뜻으로 미군병사와의 사이에 태어난 아이)들도 냉대 속에서 질곡의 가쁜 숨을 쉬어야 했다. 그뿐인가. '크리스(미군병사)'도 있었다. 월남참전의 화려한 전적(戰績) 뒤에 우리의 용사들이 남긴 1만 명 이상의 한국계 혼혈인이 베트남의 하늘 아래서 어렵게 '킴'이 되어 살아가고 있다고 한다. 이러한 사실은 자국계 혼혈인 대부분을 본국으로 전입시킨 미국과는 비교되는 우리의 부끄럽고 아픈 모습이기도 하다. 혹자는 '미스 사이공'이 갖는 예술적 가치만을 평가할 것을 주장할 수도 있겠지만 가시가 걸린 것처럼 목 안이 아려옴을 부인할 수가 없다.

언제부터인가 베트남 처자와의 국제결혼이 봇물을 이루고 있다. 농촌 현실의 타개책으로 시작되었지만 요즈음에는 사회적인 문제로 심심찮게 다루어지고 있다. 이제는 배타적 민족차별주의에서 벗어나야 함이 주장되기도 하고, 취학적령기 2세(코시안)들이 갖는 또래간의 부적응 상황이 거론되기도 한다. 자신의 생일에 초대한 친구들이 오지 않자 맑은 눈망울에 가득한 실망감을 지켜보며, 뭔가 '다름'이 존재하는 현실을 설명해야 하는 베트남의 엄마는 정녕 말이 없었다. 급속히 번지는 다문화사회의 다원주의 속에서도 민족적 정체감의 문제는 넘기 힘든 벽임을 보여주는 안타까운 장면이었다.

오늘도 지구촌이란 남풍은 불고 있다. 그런데 '미스 사이공'에 투영된 모든 존재들의 아픔은 진정 그들만의 몫인가.

사랑이 의무일 수 있는가

우리는 '사랑'이란 단어에 '불태운다'라는 수식어를 많이 쓴다.

사랑은 인간 정열의 표상으로서 문학을 비롯한 모든 예술에서 단골 주제로 즐겨 다루어진다. 또 인간은 존재의 순수성을 사랑을 위한 희생자에게서 기꺼이 찾으려 했다. 이처럼 사랑을 통해 얻어진 희열은 태산도 움직이고 하늘의 별도 따오게 한다. 그런데 이런 절대적 사랑이 의무일 수 있는가.

어떤 사람이 자신을 사랑한다고 해서 나도 그 사람을 사랑해야 한다면 이때의 사랑은 희열이 아니고 단죄나 마찬가지일 것이다. 말하자면 '내가 널 사랑하는 것은 순전히 네 탓이므로 너는 나를 향한 사랑의 의무를 짐으로써 네 잘못을 속죄해야 한다.'는 식의 협박성 의무를 강요하는 경우라 할 것이다. 분명 이건 사랑이 아니다. 사랑의 감정에는 자발성이 내포되어 있어야 하기 때문일 것이다.

여기서 부모와 자식간의 관계를 따져보자. 모성애를 포함한 가족의 관계는 본능적이고 자연적인 주고받음으로 정의될 수 있지만 의무감이 없는 것은 아니다. 재미있는 사실 하나는 인류 역사상 능력 있는 어머니는 아이를 기꺼이 유모에게 맡겼다는 것이다. 그리고 '이웃을 사랑해야 한다'고 할 때 '해야 한다'란 동사는 사랑의 의무를 부단히 요구하고 있다.

사랑의 의무성은 둘 사이의 애정관계적 범주보다는 타인과의 보편적 관계에서 찾을 수 있다. 그런데 알다시피 타인 간에는 적대감이 더 많이 작용한다. 왜냐하면 나의 인식과 상대의 인식 사이에는 반드시 갈등이 존재하기 때문이다. 즉 '내가 그에게서 나를 발견한다면, 그것은 내가 그와 다름을 그에게 인식시키기 위함이다.'라는 헤겔의 '주인과 노예의 변증법'적 논리다. 그래서 사랑의 의무는 상당부분 자기 최면적 마술이다.

만약 자발성 없이도 타인을 사랑한다면 의무가 전제된 경우일 것이다. 이런 의무는 개인을 넘어 세계를 품는 희망과 같은 것이다. 이 도덕적 태도는 인류 전체의 이익을 목표로 하는 의무를 내가 갖는 것이 된다. 말하자면 가장 확실한 실천정신이라고 할 수 있다.

상대를 인정하는 사랑만이 인간 존엄성의 가치를 일깨워 줄 것이다.

예술은 지루하고 인생은 아쉽다

인터넷 카페 '21세기 속담'코너에서 '예술은 지루하고 인생은 아쉽다'라는 글을 보고 한참을 웃었다. 말하자면 '인생은 짧고 예술을 길다'를 패러디(parody)한 것이겠다. 물론 짧은 것에 대한 아쉬움과 긴 것에 대한 지루함을 빗댄 것이지만 묘한 여운이 머릿속에서 뱅뱅 돌았다. 마침내 "그래! 맞아. 예술은 참으로 지루하고 인생은 너무나 아쉬워"라는 것으로 생각이 모아졌다.

요즈음은 예술의 그림자가 시골 마을까지 뻗쳐있다 해도 과언이 아니다. 그래서 예술에 대한 소비의 갈증은 각양각색으로 넘나드는 갈래와 공간의 확장으로 많이 해소되었다고 할 수 있다. 그런데 이러한 예술의 홍수 속에서도 슬금슬금 피어오르는 이 지루함의 정체는 과연 무엇일까. 아마 삶의 의미 부재가 아닌가 한다. 뷔페(buffet)음식처럼 풍성은 한데 정작 먹을 것이 없다는 것이다. 어찌 보면 입맛의 변화가 먹을 것이 없는 것으로 생각 들게끔 만든 것이 아닌가 한다. 그럼 의미의 부재는 어디서 오는 걸까. 결국 행복의 문제로 귀착된다고 볼 수 있다. 감각을 통한 문화적 수분을 듬뿍 취하고도 마음은 까칠하게 윤기가 쪼르르 흐르지 않는다는 것이다. 무엇을 보아도 행복하지 못한 심사는 바로 지루함의 원천이 아닌가 한다.

옛날 제국 말기 로마인들은 서커스 경기에서 행복을 찾았다고 한다. 그러나 그 행복은 약효가 오래 가지 않았는지 주기적으로 반복할 만큼 일시적인 것이었다고 한다. 따지고 보면 그 일시성 또한 각자의 마음에서 기인된 것이라고 한다면 로마인의 행복은 서커스가 아니었다고 볼 수 있다. 결국 어디에도 안주하지 못한 행복의 뼈아픈 방황이 인생의 의미추구에 대한 허기를 부추겼다고 볼 수 있다. 만약 행복이 '신의 선물'이라면 불쌍한 인간은 어쩔 수없이 실험을 받아야 한다. 행복이란 일시성과 지속성을 동시에 갖는 모순을 보이므로 적절한 조화를 위한 긴장감을 놓치지 말아야 하기 때문이다.

인생의 덧없음을 아는 것과 다르게 마음은 그리 겸허하지가 못하다. 아쉬움에 기대어 떼를 쓰고도 모자라 더 살기 위한 피눈물 나는 노력에 하루가 모자란다. 행복의 질량보다는 나이의 수량을 더 살피게 되는 아둔함이 또한 인간의 모습이 아니겠는가. 그래도 아쉬운 인생, 인간

정신의 날카로움이 녹아있어 결코 지루하지 않는 예술의 깊이에 흠뻑 취하며 그 아쉬움을 덜어내 볼 수밖에.

비상착륙

이틀 전에 선발대는 떠났다. 그들은 어리목코스를 마친 뒤에 성판악 코스에서 B조와 합류하기로 하였다. B조에 속한 나는 대원 여섯 명과 함께 공항에 모였다. 날씨는 좀 흐렸지만 우리들은 한라산 등반을 생각하며 상기되어 있었다. 뉴스에 한라산에는 눈이 많이 와서 하얀 설산이 되어 있다고 한다. 우리는 하얀 설산에서 백설을 즐기며 흰 산의 아름다움을 즐길 상상을 하며 모두들 등반에 쓸 장비와 식량을 점검하고 비행기의 출발을 기다렸다.

B조에는 준현이 정희 홍규 무산 순자 그리고 나까지 여섯 명이 비행기 티켓을 확인하였다. 제주공항까지는 비행시간이 한 시간 남짓이다. 배낭은 화물로 싣고 간편히 비행기에 탑승했다. 좌석에 나란히 두 명씩 앉았는데 모처럼 신이 난 정희가 내 옆자리에 앉으며 "내가 간식을 챙겨 줄게요" 했다. 나도 오랜만에 비행기에 탑승하니 마음이 들떠 있었

다. 비행기가 서서히 대구 공항을 이륙한다.

정희가 옆에서 "오빠 선발대는 어리목에서 백록담까지 잘 갔을까?" 했다. 잘하겠지, 뭐. 강용이는 계획대로 잘 운행할 거야. 이번 산행에서는 한라산의 아름다움을 카메라에 좀 담고 싶어, 사진 좀 찍으려고 필름 열 통을 준비했어." "그렇게 많이 찍으려고?" "그래 한라산과 제주의 아름다움을 사진으로 남기고 싶어." 하며 사진이야기와 내년에 가려고 준비하는 히말라야 원정 등반 얘기를 하며 비행기 창밖을 내다보았다. 구름이 많고 흐려 날씨가 좋을 것 같지 않았다. 대원들은 모두들 차 한 잔씩 나누며 정담을 나누었다. 기내를 둘러보니 비행기엔 빈자리가 없이 만원이었다. 승객의 절반정도는 신혼부부인 것 같고 중년부부로 보이는 사람들과 단체 관광객들도 많았다. 한참을 지나서 도착시간이 된 것 같아 시계를 보며 창밖을 보니 구름 때문에 아무것도 보이지 않았다.

우리는 빨리 가서 어둠이 짙기 전에 성판악에 야영준비를 하고 캠프를 쳐야 한다. 선발대와는 성판악 캠프장에서 만나기로 되어 있다. 제주공항 도착시간이 지난 것 같은데 안내방송이 없다. "왜 이리 늦지." 뒷자리 어느 승객이 중얼거린다. 드디어 여자승무원의 착륙 안내방송이 나왔다. 이동하지 말고 안전벨트를 확인하라는 것이었다. 우리는 안전띠를 확인하며 준비하였다.

그런데 비행기는 지상으로 하강하는 듯하더니 웬일인지 갑자기 다시 상승하였다. "어 왜 이러지." 모두들 의아해 하였다. 비행기는 계속 날고 있었다. 승무원에게 물었다. 여자 승무원은 잠시 기다려 달라고 하였다. 이윽고 안내방송이 나왔다. 〈승객여러분 본 항공기의 기장 ○○○입니다. 죄송합니다. 지금 제주공항 상공에 안개가 짙게 끼어서 착륙을 못하고 있습니다. 공항관제소와 연락하며 다시 착륙을 시도할 테니 승객여러분들은 동요하지 마시고 기다려 주시기 바랍니다.〉 하였다. 승객들은 술렁이기 시작했다. 공항에 가족이나 친지 여행사 안내원들이 모두 기다리고 있는 사람들이었다. "유도등을 보고 내리면 안 되는가. 안개가 언제 열어질까." 승객들은 모두 조바심으로 창밖을 보지만 구름밖에 아무것도 보이지 않았다.

비행기는 계속 제주 상공을 맴돌고 있는 것 같았다. 한참을 지났을까. 다시 기장의 안내방송 나왔다. 재착륙을 시도하겠다는 방송이었다. 승객들은 숨을 죽이고 불안하게 기다리고 있었다. 비행기가 다시 밑으로 하강하더니 갑자기 급상승하였다. 승객들은 모두 긴장하였다. 내 옆에 앉은 정희도 불안해 하며 "오빠 나 무서워요, 얼마 전에 유럽에서 비행기사고로 많은 사람이 죽었다던데 무서워 어떻게 해!" 나도 긴장되었다. "별일 없겠지, 뭐." 하고 위로했지만 초조하였다. 기내의 승객들은 모두들 숨을 죽였다. 불안하고 초조하고 긴장되고 겁도 났다.

비행기는 다시 착륙을 시도하는 듯하더니 다시 올라간다. 기장의 목소리가 다시 들렸다. 〈승객여러분 죄송합니다. 현재로서는 도저히 착륙이 불가능해서 다시 상승하였습니다. 10분 후에 다시 최선을 다해 한 번 더 시도해 보겠습니다.〉 승객들은 모두 불안하고 초조해 하면서 서로의 얼굴을 쳐다보았다. "무리하게 착륙하다 사고가 나면 어쩌지!" 옆자리에 정희가 나를 쳐다보면서 불안에 떨며 말 했다. "기장이 잘하겠지. 뭐" 하고 대답했지만 나도 불안하고 초조한 마음이었다. 등산하러 왔다가 사고가 나는 건 아닌지 걱정되었다. 뒤에 앉은 어느 여자 승객이 소리친다. "아니 한 시간 후에 기상상태도 모르고 이륙하다니 이런 상황이라면 아예 출발을 안 했어야지." 하며 고함을 질렀다.

여자 승객이 소리치는 바람에 정희는 더 무서워한다. "오빠 사고 나면 어떻게 해." 하며 내 얼굴을 쳐다본다. 불안해하는 정희를 보며 나도 모르게 손을 잡았다. 정희는 내손을 더 꼭 잡고 아예 두 손을 포갠다. "괜찮을 거야" 했지만 나 역시 초조하고 불안하기는 매 한가지다. 홀로계신 어머니의 얼굴이 떠올랐다. 나만 바라보며 평생을 살아오신 어머니가 혹시 내가 잘못되면 어떻게 하지. 걱정이 되었다. 〈이제 마지막 착륙을 시도하겠습니다.〉 기장의 목소리가 들렸다. 나는 불안한 마음을 지우기 위해 기도하였다. 제발 무사하기를…. 정희는 내 손을 놓지 않고 아예 내 가슴에 얼굴을 묻고 있었다. 당황스러웠지만 그 순간엔 다른 생각이 나지 않았다. "오빠 혹시 잘못되면 나 오빠 좋아하고 있는 거 알지.” “ 응, 그래 알았어, 걱정 마.” 그녀는 그 순간에 처음으로 날 좋아한다는 고백을 했다.

비행기는 다시 하강하는 듯하더니 다시 급상승한다. 기장의 목소리다. 〈승객여러분 대단히 죄송합니다. 제주공항 착륙이 도저히 불가능합니다. 항공기 연료도 부족하고 밤이 되어서 부득이 전라도 광주공항으로 가서 비상착륙을 하겠습니다. 승객여러분들의 양해를 구하며 일단 광주공항으로 가겠습니다.〉 방송을 들은 승객들은 술렁이며 불만을 토로한다. 신혼여행을 온 신혼부부들은 울상이 되어 모든 계획과 예약이 엉망이 된다고 흥분하고 결혼20주년 기념여행을 온 중년부부도 흥분하고 여행사에 예약한 단체관광객들도 시끌시끌하였다. 어느 승객이 회항하려면 출발지인 대구로 가지 왜 광주로 가느냐며 화를 낸다. 승무원들은 연료가 부족하고 밤이 되어 불가피하다고 해명한다. 승객들이 “큰일이다”라고 소리치고 사업하는 어떤 사람은 탄식을 하며 예정시간에 도착을 못해 은행에 부도가 난다며 “큰일 났다”고 했다.

캄캄한 밤중에 비행기는 광주공항에 무사히 비상착륙했지만 우리 산악회의 모든 등반계획도 엉망이 되어 버렸다. 한 밤중 낯선 도시에 내린 우리에게 항공사가 제공해 주는 숙소로 가면서 정희가 내 옆으로 와서는 “오빠, 나 아까 비행기에서 오빠 손잡고 한 말 진심이야, 잊으면 안 돼.” 하며 부끄러워 웃는다.

상처받은 내면아이

'이제야 난 내가 왜 집에 있을 때조차도 집을 그리워하고 있는지 그 이유를 알게 되었다.'- G.K.체스터톤

어렵고 궁핍했던 시절을 보낸 어른들에게는 구원(舊怨)이 많다. 특히 가족이 다 모인 명절날 취기라도 더해지면 자신의 해묵은 상처를 드러내며 보상받으려 한다. 그러다보면 자칫 가족간의 감정싸움으로 번져 유쾌한 명절 분위기가 깨어지는 경우가 있다. 이런 현상의 속을 자세히 들여다보면 각자에게는 치유되지 못한 어린시절의 상처가 옹이처럼 박혀있는 것을 발견할 수 있다. 즉 어린시절 해결하지 못했던 슬픔이 내면에 잠재되어 있어 성인이 된 후에도 지속적인 영향을 주며 연령 퇴행과 같은 무너짐을 가져다준다. 이처럼 내 안에 살고 있는 어린 시절

아이를 ‘내면아이(inner child)’라고 한다.

사람이 겪는 어린 시절의 슬픔에는 여러 가지 형태가 있다. 버려짐에서 얻어진 슬픔, 온갖 종류의 학대들, 의존 대상에 대한 결핍, 잘못된 가족 구조 등이 성인의 행동에 혼란을 야기시킨다. 과거에 무시당하고 상처받은 내면아이가 사람들이 겪는 모든 불행의 원인이 될 수 있다. 한 예를 들면 폭력과 학대에 시달린 아이는 공격적인 행동양상을 보인다고 한다. 이 아이는 학대의 고통에서 살아남기 위해 매맞는 자신의 모습을 지워버리고 가해자와 동일시해 버린다. 우리가 잘 아는 히틀러도 유태인 사생아인 아버지로부터 상습적인 폭력을 당하면서 자랐다고 한다.

아이에게 가장 큰 상처는 양육자에게서 그들의 진정한 자아가 거부되는 것에 있다. 아이는 가족체계가 요구하는 대로 착한 이미지의 거짓자아(false self)에 길들여진다. 아이는 진정한 자아를 버린 만큼 그의 마음속엔 빈 공간을 갖게 된다. 이러한 상태로 성인이 되면 다른 사람과 친밀해지기가 어려우며 만성적인 공허감과 우울감으로 인생이 무의미함을 호소한다. 마치 길가에 서서 자기 인생이 지나가는 것을 그저 바라보고 있는 것과 같은 것이다.

상실이나 아픔을 슬퍼할 수 없다면 우리는 과거에서 벗어날 수 없을 것이다. 아이였을 때 제대로 채워지지 못한 욕구들의 상실을 슬퍼하는 것이야 말로 치유의 시작이다. 즉 치유란 내면아이와의 접촉을 시도하는 것에서부터 출발할 수 있다. 아이는 성장 초기에 무조건적인 사랑을 받아야 한다. 양육자의 편견 없는 사랑은 아이의 자아를 비추는 거울과 같다. 자신이 얼마나 소중한 존재로서 진지하게 받아들여지고 환영받고 있는가에 대한 경험이 반드시 필요하다.

당신 안에도 상처받은 내면아이가 있지 않는가.

차이의 그늘, 차별에 대하여

사람, 그 개개인은 '유일한 존재'라고 한다. 즉 각자에게는 나름의 차이가 있고 그것만큼 현상계에서는 다양성(pluralism)이 존재한다는 이야기일 것이다. 또 달리 말하면 주체성을 일컬을 수 있을 것이다. 석가가 세상을 향한 첫 일갈(一喝) 또한 자신이 온 우주의 중심이라는 정체성이었다. 정리하면 인간은 저마다의 차이가 있으며 이것은 다양성과 주체성이 상존하고 있음을 의미한다고 본다.

차이란 무엇인가. 나와 네가 서로 다르다는 인식에서 출발한다. 이 인식을 상대화의 관점에서 보지 않고 '높고 낮음'의 서열식 수직구조로 가늠하다 보면 자칫 가치평가 기준으로 전락(轉落)하게 된다는 것이다. 이렇게 '더함'과 '덜함'으로 규정되어진 차이는 차별이라는 불평등을 조장하게 되고 사회화의 악으로서 인간의 존엄성까지도 파괴한다는 것이다.

우선 역사를 한 번 짚어 보자. 2차대전 중 독일이 유대인에게 자행한 '홀로코스트(holocaust)'는 인간에 대한 차별의 엄청난 이기(利己)에서 비롯된 것임을 상기하지 않을 수 없다. 또한 우리의 사회문제인 학교폭력의 심각성 또한 차별의 불평등에서 기인된 것이라고 볼 수 있다. 한마디로 차별의 배타성이 인간을 죽음과 폭력으로 몰고 간 경우라 하겠다.

모든 오류가 그러하듯 자신은 남과 매우 다름을 강조하면서 타인을 볼 때는 그는 나와 비슷한 존재이기를 바란다. 이것은 자신의 특수성과 차이성은 고집하지만 타인의 차이성은 받아들이기가 힘들다는 것을 의미한다. 이처럼 타인을 있는 그대로 받아들이지 못함은 자신감과 의지의 부족으로 볼 수 있다.

분명한 것은 차이성이 우열의 객관적인 비교자료가 될 수 없다는 것이다. 바람직한 것은 평등을 위한 차이로만 인정해야 할 것이며 이것이 다양성으로 나아가는 길이라고 할 수 있다. 그런데 이러한 다양성을 실현한다는 것 또한 얼마나 어려운 것인가도 함께 고려되어야 할 것이다.

한편으로 인간에게는 질투와 멸시와 모욕의 본성이 있을 수 있다. 차이가 차별로 경계 없이 미끄러져 가는 바탕에는 이런 원초적심리가 작용되었기 때문인지도 모른다. 이것이 개인의 무딘 이성을 비호할 수는 있겠지만 보다 윤리적이고 사회적인 접근이 필요하다고 본다. 더 나아가 이런 사회적인 환경과 의식을 고쳐나가는 정치적 장치와 사회적 구조도 갖추어져야 한다고 할 수 있다.

지금 나는 절망하고 있는가. 아니면 부끄러워하고 있는가. 우리 모두 자성하면서 한 번 되짚어 볼 일이 아닐까.

찰떡같이 듣고 해석하라

나라님께서 진솔함을 가장하여 은근히 상스런 말을 던지니 연단 아래 앉은 갓 쓴 양반들이 박수를 쳤다. 그 박수의 정체는 두 가지로 해석할 수 있겠다. 깡패도 날라리도 아닌 지존께서 그런 말을 써서 스스로 격(格)을 무너뜨리니 그도 별수 없다는 보상심리와 또 한 가지는 정작 나도 평소에 쓰고 싶었으나 점잖은 체면 때문에 쓰지 못했던 아쉬움에 대한 대리만족을 주었기 때문이 아닐까 한다.

아마도 상스런 말을 한 그 나라님은 "깨 놓고 말해서 흔히 쓰는 말이지 않는가."라는 항변을 할 것이고, 격 따지기 전에 뜻을 확실하게 전달하고자 하는 의도였다고 덧붙일 것이다. 다시 말하면 개떡같이 말해도 찰떡같이 들어주리라는 기대의 발로라고 해석하면 지켜보는 사람이 덜 서글플까. 이처럼 말과 글은 해석을 잘해야 한다.

옛날에 어느 노인이 칠십을 넘어 바라던 아들을 보았다. 그런데 딸들은 이미 출가하여 가정을 이루고 있었단다. 어느 날 노인은 사위에게 어린 아들을 잘 키워달라는 부탁과 함께 유서를 남기고 죽었다. 유서는 '七十生男非吾子 子之畓泉上在 壻之畓泉下在'라는 내용으로 풀이하면 '칠십에 아들을 낳았으니 내 아들이 아닐 것이다. 아들은 샘 위에 있는 논을 주고, 사위는 샘 아래에 있는 논을 준다.'라는 것이 된다. 이 유서를 본 사위는 장인에게 고마워하며 어린 처남을 잘 길렀다고 한다. 알다시피 천수답은 물이 곧 생명이 아닌가.

그런데 아들이 장성하자 아버지의 유언에 의문을 갖기 시작했다. 아무리 자식을 부탁하는 입장이라지만 샘 아래의 논을 사위에게 줄 리가 없다고 생각했다. 그러던 중 아들은 그 유서의 비밀을 발견하게 되었다. 즉, 첫 문장 뒤에 물음표를 붙이면 '칠십에 아들을 낳은들 어찌 내 아들이 아니리요?'가 되고, 샘천(泉)자 뒤에 콤마를 찍으면 '아들에 준 논의 샘은 위에 있고'라는 정반대의 해석이 된다. 이 얼마나 재미있는 이야기인가.

때론 말은 글보다 더 많은 의미를 가져다준다. '태초에 신의 말이 있었다.'에서 알 수 있듯 말은 참으로 신성한 것이었다. 또한 '귀는 뜨겁고 눈은 차갑다.'라는 말이 있다. 즉 말로 이루진 이야기에는 온갖 상상이 담겨질 여지가 많아 뜨거운 반면 글은 정해진 의미로만 읽히기 때문에 차갑다는 것이다. 그래서 입으로 전해진 이야기 속에는 우주가 있고 신화도 살아 숨쉰다고 할 수 있다. 어찌 보면 문학이란 콘텐츠가 무수한 세월이 지난 지금에도 마르지 않고 이어져 오는 것은 바로 말의 포용성 때문이 아닌가 한다. 구전의 메커니즘이야말로 글의 생명을 면면히 유지시키는 열쇠일 것이다.

음성문학(낭송) 예술의 아쉬움

어려운 이웃을 위한 방송 일을 할 때다. '한밤의 명상' 프로그램에서 찰스 램의 수필과 릴케의 시를 읽어주면서 삶을 돌아보며 사색하는 시간을 만들었다. 좋은 시들을 소개하며 시낭송문학을 시작하였고 오랫동안 음성문학에 대한 공부를 하며 수많은 문학행사와 공연을 주관하고 시극(詩劇)이나 시(詩)뮤지컬을 기획하고 시도하며 문학작품의 무대 공연예술에 대한 공부와 연구를 해 왔다.

사실 요즈음엔 인터넷과 영상매체의 발달로 사람들이 책을 잘 읽지 않는다. 그러면 문학이 문자문학의 매체적 한계를 넘어 독자에게 좀 더 가까이 다가 갈 수는 없을까 라는 고민은 문학운동에 관심이 있는 사람이라면 누구나 한 번쯤 해 볼 것이다. 그 한 방법으로 문학작품의 진화된 음성문학과 문학공연의 예술화라는 대안이 공감대를 얻고 있다.

'낭송문학'은 좋은 문학작품을 문자언어와 음성언어로 동시에 구사하며, 음률적인 감정을 불어넣어 소리 내어 읽거나 외우는 가장 효율적이고 복합적인 문학형식이다. '낭송문학'은 독자에게 감동을 주기위한 언어(소리)예술로서 낭송을 통하여 문학이 독자에게 보다 적극적으로 다가가서 풍요로운 정신적 삶을 성숙시키는 의미 있는 음성예술행위이다.

최근의 문학경향은 시, 수필, 소설, 동화, 평론 등이 낭송, 몸짓, 시노래, 시극, 시 퍼포먼스, 시 뮤지컬 등의 다양한 양태로 표현되고 있다. 또한 배경음악이나 무대장치, 효과음, 조명, 패션, 소품 등 다른 장르의 예술과 결합하여 복합 연출됨으로써 단순한 낭송 차원을 넘어 무대공연예술로의 새로운 장르로 발전을 모색하는 실험적 공연문학예술이 전국적으로 가속화 대중화 되고 있다. 따라서 종합예술의 전분성을 추구하며 독자(청자)에게 문학의 감동을 주기 위한 미래문학으로서의 '낭송문학예술'의 체계적 연구와 활성화가 절실히 요구되는 때이다.

문단 일부에서는 고전의 향수를 떨치지 못하고 '낭송(음성)문학'이 문학의 본질에 부합하느냐를 놓고 여러 가지 주장과 논란도 있다. 그러나, 이미 경향 각지에서 시, 수필, 소설, 동화, 콩트, 평론 등의 낭송예술공연과 낭송회와 낭송문학협회가 결성되어 '낭송문학예술공연'의 창작 및 연구 활동이 활발히 전개되고 있는 것이 현실이고 시대적 추세이다.

여기서 음성문학의 기원을 살펴보면 인류의 역사에서 문자가 생기기 전에 인간들은 음성언어(말) 즉 소리와 몸짓에 의해 전승되다가 문자의 발생과 더불어 서서히 구조화되어 갔다. 말하자면 인간은 문자가 만들어지기 전까지 감정이나 생각, 경험 등을 표출하고 전달하는데 몸짓과 음성언어와 구전(口傳)을 이용해 왔다. 기록에 의하면 음성언어의 역사가 문자언어의 역사보다도 약 3천 년정도 앞서 있다고 한다.

제의(祭儀)에서 비롯된 서사문학은 고대사회에 와서는 흥미와 놀이적 양식이 추가되어 다양한 소재의 이야기로 재미있게 낭송되었을 것이다. 말하자면 구술문화의 신성성과 다양한 상상력이 감정에 활력을 불어 넣던 시대였다고 할 수 있다. 이렇게 낭송되거나 구전된 이야기가 문자 발생과 더불어 문학(文學)이라는 용어로 정리된 것이다. 따라서 문학과 예술의 전통은 주술적인 음성언어에서 그 근간을 찾을 수 있다. 그렇다면 문학을 소리 내어 낭송하는 행위는 문학(이야기)을 전달하는 본질적 행위로 볼 수 있다.

흔히 서양의 서사시의 전형(典型)으로 일컬어지는 호메로스의 작품 『일리아드』와 『오디세이아』도 사실은 그의 창작이라기보다는 옛날부터 사람들의 입에서 입으로 전해 내려오는 수많은 이야기나 전설 등을 문학적 재능으로 다듬고 재창조하여 뛰어난 문학작품으로 빚어낸 것이라 할 수 있다.

문학의 원형비평(archetypal criticism)에서는 전승된 이야기의 기본 구조를 설화(說話: 신화, 전설, 민담)의 모티프를 차용한 것에서 해석하고 있다. 즉 설화가 노래로 또는 고대소설로, 근대소설로 그 형식은 변형되지만 서사적 구조 내에서는 그 원형을 내포하고 있는 것을 밝혀내는 것이다. 요즘 희곡에서 구전문학(口傳文學)이 문자화되거나 재창조 되어 새롭게 쓴 것들이 적지 않다. 이런 구전문학이 갖는 신성성은 바로 음성언어가 갖는 마법과 수용성이 있기 때문이다.

인간이 자신의 감정을 몸 밖으로 표출하고자 하는 행위에는 음성언어가 많은 부분을 차지하고 있다. 인간의 언어생활에서 음성언어가 75%정도를 차지한다고 한다. 이것은 입과 귀를 통한 말이 인간의 보편적 의사체계를 담고 있음을 의미한다.

동화(童話)의 예를 들어 보겠다. 할머니 무릎에서 듣는 이야기는 바로 상상 그 자체다. 음성에 실려진 이야기는 줄거리를 넘어 마법적 언어로 확장되면서 성스러움까지 갖게 된다. 왜냐하면 음성은 인간의 모든 감각을 역동적으로 움직이게 하기 때문이다. 이것이 바로 음성이 갖는 무한의 창조성이다. 흔히들 음악(성악)이 가장 직접적인 예술이라고 정의한 것이나 사람들이 연극을 보며 전율을 느끼는 것도 같은 맥락으로 볼 수 있다. 이처럼 음성이 갖는 신성성은 문자언어의 해석적인 느낌을 뛰어 넘는다 할 수 있다. 괴테는 자신이 가장 귀중한 것을 배운 것은 슈트라스부르크 대학이 아니라 어머니가 읽어 준 동화였다고 한다.

'낭송문학'은 기존의 문자매체를 통한 문학작품에 역동성을 부여하는 것에서 그 의미를 찾을 수 있다. 그리고 '낭송문학'은 작품의 가치와 의미전달을 활성화시키며 작품에 대한 새로운 차원의 이해를 도와주고 보다 큰 감동과 공감대를 엮어주는 기능까지 한다. 또한 카타르시스(catharsis)를 통한 정신적 환기성도 높여 준다. 특히 '낭송문학'은 문학작품을 단지 눈으로 읽는데 그치지 않고 직접 귀로 들으며 감상 할 수 있기 때문에 이중의 효과를 얻을 수 있는 것이다. 그리고 여러 사람들이 모인 자리에서 낭송이 이루어지기 때문에 문학작품에 대한 다양한 해석과 감상을 공유할 수 있다.

낭송을 통한 문학의 심미적 기능이 독자들 사이에서 동시에 어우러진다면 문학을 접하는 독자들의 즐거움과 행복감은 배가 될 것이고 그 의미나 가치는 더욱 클 것이다.

필자가 처음 수필낭송을 시작하니 '산문은 운문보다 길어서 낭송이 되겠느냐'는 질문을 많이 받았다. 이는 '장편소설이 단편소설보다 길어서 잘 보겠느냐'와 '소설이 시보다 길어서 쓰기가 더 어렵다'라는 질문과 다를 바가 없다.

우리의 전통국악 판소리의 예를 들어보면 '심청전' 한 편을 완창하려면 이틀이 걸린다고 한다. 그래도, 완창 공연을 하고 있다. 문학은 각 갈래마다 특성을 갖고 있고 그 양식과 기능이 다르듯이 산문도 낭송이 불가능 한 것은 아니다. 다만 환경과 조건에 따른 적합성의 여부와 낭송으로 작품의 가치를 증가시킬 수 있는가라는 효율성을 따져 선택적으로 활용하는 것이 중요하다고 본다. 정도의 차이만 있을 뿐, 시, 수필, 소설, 희곡, 시조, 동시, 동화, 평론, 콩트, 논설, 칼럼 등 모든 갈래의 문학도 노력하고 연구하면 얼마든지 음성언어로 '낭송문학'으로 훌륭한 표현이 가능하다.

'낭송문학'의 영역에서 공연문학으로서 종합 예술적 장치가 매우 중요한 위치를 차지한다. 어찌 보면 시, 수필, 소설 등 문학작품은 원석에 불과하고 원숙한 제련의 솜씨가 그 가치를 결정하는 것과 같은 이치다. 문학작품에 맞는 연출이 작품 감상의 효과를 극대화 시킬 수 있다는 것이다. 아직까지는 다양한 예술의 수용과 결합이 초보적 수준에 이루어지고 있지만 낭송문학의 영역을 넓히기 위해서는 장르의 경계를 넘나드는 종합예술적인 퓨전예술의 운용이 반드시 필요하다. 말하자면 작가, 낭송가, 연출가가 일체가 되어야만 제대로 된 '낭송문학'이 탄생한다고 할 수 있다. 음성언어로 된 '낭송문학'이 예술의 한 갈래로서 새로운 영역을 자리 잡기 위해서는 많은 노력과 다양한 형태로의 체계적인 연구가 필요할 것이다.

일반적으로 시(詩)가 '낭송문학'으로서 적합하다는 이유로 많이 활용되고 있다. 그리고 시 다음으로는 수필이 낭송에 적합하다고 할 수 있다. 수필은 대개 원고지 12매 정도의 분량이므로 소요시간으로 볼 때 '낭송문학'으로 매우 적합하다. 특히 최근에는 짧은 수필(원고지 5매 수필, 천자 수필, 3분 수필) 등의 단수필 창작활동이 활발히 이루어지고 있는 추세다. 전통수필의 긴 내용은 독자의 기억을 둔화시켜 지루한 감을 줄 수 있고 집중력도 떨어져 작품의 낭송효과를 반감시킨다 할 수 있다.

낭송에 적합한 수필의 특성이란 짧은 길이로서 작가의 사상이나 의도가 잘 정제 되어 있고, 구성이 치밀해야 하며, 문장은 간결하고 함축성이 있어야 한다. 아울러 작품 속에 번뜩이는 재치와 유머, 신선한 언어 등 독자의 감동과 호응을 얻을 수 있는 내용이 담겨 있어야 한다. 이와 같은 요소를 충분히 갖춘 수필이라면 독자의 감정을 불러일으켜 '낭송문학작품'으로서의 기능을 충실히 수행할 수 있을 것이다.

또한 수필은 픽션이 거의 용납되지 않을 뿐만 아니라 용납되더라도 부득이한 경우에 극히 일부만 허용된 특성을 갖고 있다. 그렇기 때문에 내용이나 소재가 우리의 삶에서 흔히 보고, 듣고, 느낄 수 있는 것들이 많다. 이러한 요소가 독자에게 진실성과 일체감, 더 나아가 감정이입을 느끼게 하여 카타르시스를 불러오게 한다. 넓은 의미로 본다면 문학이 갖는 치유적 기능(주술적 기능)까지 내포하고 있다고 볼 수 있다.

이처럼 수필은 누구에게나 친근한 문학이고 호소력이 높은 문학이다. 더군다나 일시에 많은 독자를 확보할 수 있어 문학의 대중화를 이끌 수 있는 한 방편이 되므로 '낭송문학'에서 수필은 더욱 좋은 대상이 된다. 어떤 면에서는 상징성과 비약성이 많은 시보다도 훨씬 쉽게 이해되며 공감할 수 있는 것이 바로 수필문학이다.

이밖에도 희곡이나 문학평론, 콩트, 논설이나 칼럼 등도 그 낭송 방법이나 진행을 적절히 한다면 얼마든지 '낭송문학'의 대상이 될 수 있다. 흔히 이러한 것들은 「낭송문학」의 대상이 될 수 없다는 진부한 고정관념에서 탈피해야 한다.

문학은 새로운 것에 대한 끊임없는 도전과 시도로서 보다 새로운 것을 위한 창조적 행위인 만큼 「낭송문학」도 이 같은 노력과 시도가 필요하다. 정통성 문제에 과도하게 집착하며 또한 시도해 보지도 않고 '안된다'로 단정하는 것은 문학의 발전적 변화를 기대할 수 없는 일일 것이다. 이제 실험정신으로서 '낭송문학'을 장려하고 권장해야 할 때이다.

문단 일부 사람들은 '문학이면 문학이지 낭송문학은 또 무엇인가'라는 문학 갈래의 정통성문제와 더불어 오직 '문자문학'만을 절대시하여

'글 쓰는 이는 글이나 쓰지 낭송은 무슨 낭송이냐. 글이나 잘 쓰라'며 '음성문학' 그 자체를 부정하거나 폄하하는 사람도 있다. 어찌 보면 정말 진부한 편견이고 억지라 아니할 수 없다. 왜냐하면 문학을 문자영역 문학으로만 한정하는 것은 음성문학과 구전문학의 오랜 역사와 전통, 폭 넓은 영역확장 그리고 그 역할과 비중 또, 변화되는 미래문학 같은 것을 무시하고, 시대적 흐름인 진화하는 토털문학을 염두에 두지 않기 때문이다.

태초에 이야기는 음성이었으며 입과 귀를 통해서 전해왔다. 신에게 드리는 탄원의 서사적 구조가 노래화되고 이야기화된 것이다. 여기에 역동성을 살리기 위해 몸짓도 함께 어우러졌다. 어찌 보면 낭송은 그 표현에서 인간이 원시의 근원으로 돌아가는 작업이라고 할 수 있다. 즉 인간의 자연회귀로 모든 감각이 살아나는 역동적인 세계를 경험토록 하는 것이라고 할 수 있다.

얼마 전 문인협회에서 주관한 〈책을 뛰쳐나온 문학〉이라는 주제의 세미나에서 다양한 '낭송문학예술공연'의 묘미를 참석자 모두가 공유한 적이 있다. 문자의 영역을 뛰어 넘은 공연문학은 공감각의 울림으로 다가와 더 큰 감동적 세계로의 체험을 가능하게 했다. 말하자면 문학이 갖는 아이스테시스(aisthesis)적 기능을 새로운 차원에서 경험한 계기가 아닌가 한다. 요즈음 문학비평도 독자 반응 비평에서 그 해석을 모색하는바 새로움과 변화를 도모하며 다양한 표현을 통한 문학적 체험만이 독자로 하여금 새로운 의미의 그물망을 짤 수 있는 신선한 기회를 제공할 수 있을 것이다.

이제는 문학도 다양한 갈래의 예술(미술, 음악, 무용, 연극, 패션 등)과 융합하여 문학의 공연예술화로 발전되어가야 할 시점이 되었다고 본다. 아직은 경험과 전문성의 부족으로 체계적이고 성숙한 모습을 보이긴 어렵겠지만 부단히 공부하고 연구하며 낭송문학예술공연 분야의 전문작가와 연출가 전문 낭송가를 많이 육성하여 창의적인 문학예술활동으로 거듭나야 한다. 따라서 진정한 '낭송문학'의 길을 모색하고 토털문학의 발전을 위해 문학인들의 더 큰 안목과 지혜로 다함께 미래를 준비해야 할 것이다.

알피니스트(Alpinist)의 예문일치

견일영(수필가, 소설가)

저자 이병훈은 산을 좋아했다. 스스로 '산쟁이'라 했다. 인자요산(仁者樂山)이란 말은 어진 자는 의리에 밝고, 산과 같이 중후하여 변하지 않으므로 산을 좋아한다는 뜻이다. 그러나 오늘날 산악인들은 어진 사람이 되기 위해서 산에 오르는 것이 아니고 산을 오르다보니 산이 좋아진 것이다. 산이 거기 있기 때문에 산에 오른다고 한 말은 정답이다.

이병훈은 평범한 산행인이 아니고 세계 명산을 두루 등반하고 히말라야까지 가서 위험한 고비도 많이 넘긴 베테랑 등반가다. 그의 작품도 자연히 산에 대한 소재가 많고, 알피니스트의 정신으로 쓴 그의 글은 표현이나 주제가 곧고 활기차다.

처음에는 산에 대한 칼럼을 쓰다가 수필문학에 입문하게 되었고, 그와 연관이 있는 수필과 시의 낭송문학을 개척하여, 그 기반을 닦아놓기도 했다. 지금은 시와 수필을 쓰며 문학 전반에 관한 공부와 연구를 계속하고 있다.

이병훈의 글은 세속의 굳어진 윤리 도의에 얽매이지 않고, 자유스럽게 쓴다. 따라서 세상사를 표현하는 데 있어 에둘러 그늘에 숨거나 수식어로 그것을 미화하려고 하지 않는다. 있는 그대로 보이고, 느껴지는 대로 쓴다. 그리고 뒤를 돌아보며 발걸음을 멈추거나 주저하지 않는다. 앞으로 곧장 나가면서 급변하는 현실을 더 빠르게 재촉하는 편이다.

따라서 도문일치(道文一致)보다 예문일치(藝文一致)의 문학관에 가깝고 포스트 모더니즘적 주제와 표현법을 즐겨 쓴다.

함께했던 꿈들은 그리운 산의 눈보라 속으로 떠나갔다. 생명의 무거움도 잊고 사는 듯한, 오직 산에 대한 마음과 열정 하나로 순수 알피니즘을 추구했던 산 벗들, 명치가 아파오는 그리움과 미안함이 발자국마다에 그들 이름을 새겨 넣는다. 현희, 준석이, 우택이. 그들은 살아남은 자에게 망각보다 긴 기억을 남겨주고 가슴에 묻혔다.

—「알피니즘을 태운 영혼」에서

문학은 읽는 즐거움을 통해서 저절로 인간의 삶에 대한 인식의 깊이를 더해주고, 동시에 인간과 삶에 대한 깊이 있는 인식이 작품 속에 충분히 용해되어 있어야 한다. 작품을 읽을 때 잔잔한 즐거움과 정서적 감동으로 독자의 가슴을 적시면 진정한 의미의 문학적 기능이 된다.

우리에게 가장 오래가는 추억은 고향과 가족이다. 그것은 인간의 한 운명이고, 과거와 미래가 가장 오래 공존하는 영상이다.

이병훈은 가족의 대표를 장모님으로 정한 것 같다. 어디론가 떠나간 새의 애처로운 영상과 장모님의 심정을 가족애로 형상화하고 있다.

장모님은 시골에 홀로 살고 계십니다. 우연히 잉꼬 한 쌍을 얻어 기르게 되었습니다. 아침이면 새들의 소리에 반갑게 눈을 뜨고, 긴 봄날 마루에서 혼자 점심을 들 때도 그들의 움직임을 보며 입맛을 돋우곤 하셨습니다.

초여름의 감잎들이 허름한 농가에 그늘을 드리울 즈음, 잉꼬는 새끼 두 마리를 부화하여 오붓한 일가를 이뤄 집안 가득 온기를 채워 주었습니다. 어느 날 새장이 좁은 때문인지 네 식구의 잦은 뒤척임으로, 빗장이 열려 그만 어미 새가 날아가 버렸습니다. 당황한 아비 새는 새장 안을 이리저리 푸드덕거렸고, 한창 먹이를 받아먹던 새끼들은 자지러지게 울어댔습니다. 당황한 것은 장모님도 매한가지였습니다.

—「장모님과 새」에서

아주 평범한 이야기지만 끝까지 읽어보면 가족애의 눈물겨운 절규가 아닐 수 없다. 그는 군소리와 허사가 없다. 은유적으로 인간애와 가족의 사랑을 절실하게 표출해 내는 능력을 지니고 있다.

문학은 언어를 통하여 삶의 진실을 제시하고 독자를 교시한다. 그러나 그것이 획일적으로 통일성을 지니며 제도화하는 데는 순수문학의 입장에서 거부감을 가지게 된다.

현대문학은 모든 인간이 평등을 이상으로 삼고, 자유로운 사고와 행동을 긍정적으로 평가하며, 다양한 개성의 발판을 바람직한 것으로 인식하는 토대 위에서 시작되어야 한다.

인생의 덧없음을 아는 것과 다르게 마음은 그리 겸허하지가 못하다. 아쉬움에 기대어 떼를 쓰고도 모자라 더 살기 위한 피눈물 나는 노력에 하루가 모자란다. 행복의 질량보다는 나이의 수량을 더 살피게 되는 아둔함이 또한 인간의 모습이 아니겠는가. 그래도 아쉬운 인생, 인간정신의 날카로움이 녹아 있어 결코 지루하지 않는 예술의 깊이에 흠뻑 취하며 그 아쉬움을 덜어 내 볼 수밖에.

—「예술은 지루하고 인생은 아쉽다」에서

이병훈은 새로움에 대한 열정이 남다르다. 도전 정신도 강하다. 수

필에서 금기시하는 자기주장이나 현실적 허구, 남의 이야기 등을 두려움 없이 그대로 표현하고 형상화한다.

그러면서도 화자의 추억이나 생각으로 변용하여 무리 없이 글을 잘 이끌어간다. 그의 남다른 글, 남다른 생각, 남다른 형식에서 새로운 수필의 장이 열리기를 기대한다.

끝으로 이번 수필집의 상재를 계기로 이병훈 사백(詞伯)의 더 큰 문학적 성취와 영광을 기원한다.

알피니즘을 태운 영혼

2012년 12월 10일 1판 1쇄 발행

지은이 · 이병훈 | 발행인 · 이선우
펴낸곳 · 도서출판 선우미디어
등록 | 1997. 8. 7 제300-1997-148호
110-070 서울시 종로구 내수동 75 용비어천가 1435호
☎ 2272-3351, 3352 팩스: 2272-5540 sunwoome@hanmail.net

값 12,000원

ISBN 978-89-5658-332-7 03810